SARAH FISCHER
mit Shirley Michaela Seul

DIE MUTTER GLÜCK LÜGE

SARAH FISCHER
mit Shirley Michaela Seul

DIE MUTTER GLÜCK LÜGE

Regretting Motherhood –
Warum ich lieber
Vater geworden wäre

LUDWIG

MIX
Papier aus verantwortungsvollen Quellen
FSC
www.fsc.org
FSC® C083411

Verlagsgruppe Random House FSC® N001967

2. Auflage

Originalausgabe 02/2016

Redaktion: Dr. Ulrike Strerath-Bolz
Umschlaggestaltung: Hauptmann & Kompanie
Werbeagentur, Zürich
Satz: Leingärtner, Nabburg
Druck und Bindung: CPI books GmbH, Leck
Printed in Germany
ISBN: 978-3-453-28079-3

www.Ludwig-Verlag.de

Für meine Tochter

Inhalt

In den Wehen

Ich bereue es, Mutter geworden zu sein,
und ich liebe mein Kind über alles.

»Mama, noch mal!«

»Ja«, seufze ich.

»Mama, höher!« Ich schubse Emma auf der Schaukel an. Sie kräht vor Freude. 5 Uhr nachmittags. Seit einer Stunde hängen wir auf diesem Münchner Spielplatz rum.

»Wir gehen jetzt dann bald nach Hause«, sage ich.

»Nein!«, ruft Emma. Emma liebt Spielplätze. Ich hasse sie. Was natürlich so nicht stimmt. Was mein Kind liebt, das mag ich mindestens. Zur Not auch den Fettrand von Fleisch. Na gut, meistens. Muss ich alles mögen, was mein Kind mag? Ich werfe einen Blick zu den Müttern im Sandkasten. Für sie scheint es nichts Schöneres zu geben, als Sandkuchen zu backen, weil alles, was dein Kind erfreut, dich zutiefst beglückt. Du strahlst rund um die Uhr. Du bist Mutter! Ergriffen beißt du in einen Sandkuchen.

Ich schubse die Schaukel noch mal an, während ich ausrechne, wie viel Zeit mir bleibt, wenn wir jetzt gleich gehen. Heute ist noch viel zu tun. Wenn alles ohne Pannen läuft, könnte ich vor Mitternacht noch eine halbe Stunde für mich rausschlagen. Die Aussicht beflügelt mich.

Wieso machen alle anderen Mütter auf dem Spielplatz den Eindruck, gern hier zu sein? Wird ihr inneres Kind erweckt oder ist ihre Liebe größer? Ich bin zweiundvierzig Jahre alt und dem Sandkasten entwachsen. Ich würde lieber was lesen. Oder arbeiten. Oder wenigstens den Einkauf schon erledigt haben, der ja mit einem Kind ewig dauert. Alles dauert ewig.

Ich bin undankbar. Ich habe ein gesundes, frohes Kind und freue mich, weil es so hoch schaukelt. Wir lachen, meine kleine Emma und ich. Ein schöner Moment. Wie viele schöne Momente braucht es, um den Verlust des eigenen Lebens auszugleichen? Von außen betrachtet wirke ich wie die anderen Mütter. Es kann ja keiner in meinen Kopf reinschauen, in dem diese schwarzen Rabenmuttergedanken herumflattern. Vorhin zum Beispiel, als die zwei Jungs sich kreischend um die Schaufel stritten. Da fiel mir mein schwuler Kumpel Schantalle ein. Wir kennen uns von einem Job in meiner Studienzeit. Ich war von einem Spielwarenhersteller als Walking Act in Form eines Steifftier-Teddybärkostüms gebucht. Schantalle verteilte Luftballons an Kinder. Dies war der Beginn einer wunderbaren Freundschaft. Schantalle sagte neulich: »Stell dir vor, du hättest ein Blasrohr mit Betäubungspfeilen. Und immer, wenn du eine Verschnaufpause, Mutterpause brauchst, schießt du einen Pfeil ab auf dein Kind. Die Betäubung ist natürlich total gesund. Vitamin C und B_2 und Folsäure, und die Pfeilspitze ist 100 Prozent bio. Dein Kind setzt sich hin und gibt zehn Minuten Ruhe. Schöne Träume garantiert.«

Entgeistert starrte ich ihn an, dann lachte ich laut heraus. Und dann sagte ich: »Du spinnst!« Denn so was sagt man nicht. Man denkt es nicht mal. Aber irgendwie gefiel es mir. So ein Blasrohr könnte man auch in anderen Situationen gut gebrauchen. Wir feilten an unserer Idee. Man sollte verschiedene Betäubungszeiten anbieten. Fünf Minuten, zehn, zwanzig. Schantalle meinte, wir würden damit reich. Ich vermutete, wir würden gesteinigt. Denn das Verhalten gegenüber sogenannten Rabenmüttern, die sich oft keines anderen Vergehens schuldig machen, als hin und wieder den Wunsch zu äußern, behandelt zu werden wie ein erwachsener Mensch, ist mittelalterlich. Leider gibt es kaum jemanden, mit dem ich mich so ketzerisch amüsieren kann wie mit Schantalle, da dies gegen den Mutterkodex verstößt, und der kennt keine Gnade. Du darfst dich zwar beschweren, aber immer nur in witzigem Ton, und auch die kleinste Kritik an deinem Leben als Mutter musst du sofort tausendfach ausbügeln, pampern, wegwischen, glätten, für null und nichtig erklären, war ja nur ein Witzchen. Ich behielt meine Kommentare meistens für mich. Ich wollte nicht als gefühllos, hartherzig und so weiter gelten, bloß weil ich die Wahrheit sage. Ich würde das zwar aushalten, aber womöglich müsste Emma meine Ehrlichkeit ausbaden.

Ich möchte alles dafür tun, dass mein Kind glücklich wird. Aber inzwischen ist mir bewusst, dass ich dabei womöglich über die Klinge springe. Die Mutter wird geboren, der Mensch, der sie vorher war, bleibt auf der Strecke.

Manchmal hatte ich den Eindruck, dass ich nicht allein bin. Dass in vielen rosig getünchten Müttern mit Nuckiflaschen, Stofftieren, Kinderwagen und Still-BHs auch solche Gedanken herumflattern. Okay, nicht in allen Müttern. Aber doch in einigen. Vielleicht sogar in relativ vielen? Solange alle schweigen, bleibt es ein Geheimnis und mehr: ein Tabu.

Die bereute Mutterschaft

Dann kam diese Nachricht, die mich elektrisierte. Ich war nicht allein! Es gab noch andere Frauen, die so empfanden wie ich. Immerhin dreiundzwanzig Stück auf der ganzen Welt! Und diese Zahl schlug dermaßen ein, dass nicht nur die sozialen Netzwerke heiß liefen, sondern auch die *Süddeutsche, Der Spiegel*, der *Stern* und viele andere darüber berichteten, und sogar in das *heute journal* des ZDF schafften es die dreiundzwanzig Abweichlerinnen. Eine Bombe! Mütter, die bereuten, Kinder bekommen zu haben. Das gibt's doch nicht. Das ist ungefähr so, wie wenn ein Mann ein Kind stillen würde, das liefe auch weltweit über den Ticker. Das ist ... wider die Natur! Eine Soziologin namens Orna Donath hatte israelische Mütter im Alter von Mitte zwanzig bis Mitte siebzig befragt. Die meisten sagten, dass sie zwar ihre Kinder liebten, aber die Mutterschaft hassten, und dass sie durch ihre Kinder ihr Leben, ihre Autonomie und ihre Identität verloren hätten. Sie würden sich heute gegen Kinder entscheiden.

Bis zu diesem Tag kannte ich in der Kombination Mutter und Reue nur eine Frage: Bereust du es, dass du keine Kinder hast? Und sie wurde Frauen gestellt, die keine mehr kriegen konnten, weil ihr Zug in die Menopause abgefahren war. Wildfremde Leute können Rechenschaft verlangen, und die kinderlosen Frauen, die man auch kinderfrei nennen könnte, müssen sich dann rechtfertigen. Sie machen es sich leichter, wenn sie antworten: Ich hätte gern welche gehabt, aber es hat nicht geklappt. Zuzugeben, dass man kein Kind wollte, kommt nicht so gut an. Dann ist man egoistisch, karrieregeil, gefühlskalt und noch viel Unschönes mehr. Nebenbei bemerkt: nur als Frau. Für einen Mann ist das okay. Der hat dann eine Berufung, macht sein Ding oder er ist einfach freiheitsliebend, ein toller Typ, um den sich die Frauen reißen, später erst recht, dann hat er nämlich keine »Altlasten« wie so viele Männer, die für Kinder aus gescheiterten Beziehungen bezahlen, oft zum Leidwesen ihrer neuen Partnerinnen. Habe ich schon mal gehört, dass irgendwo ein Mann gefragt wurde, ob er es bereut, keine Kinder zu haben? Nein. Aber ich habe die Frage selbst schon älteren Frauen gestellt. Heute schäme ich mich dafür. Was geht mich das an? Wieso fallen beim Thema Kind sämtliche Höflichkeits- und Benimmregeln weg?

Und jetzt kommen da auch noch dreiundzwanzig Mütter daher und sagen: Übrigens, ohne Kind war mein Dasein schöner.

Eine Frau, die sich das in Deutschland zu sagen traut, braucht ein dickes Fell. Die darf so leicht nichts umhauen. Die muss damit umgehen können, schräg angeschaut zu werden. Es müsste so eine sein wie ich, dachte ich. Ich habe Schlitzaugen und bin daran gewöhnt, zu einer Minderheit zu gehören. Wenn Sie jetzt eben zusammengezuckt sind, dann ist das nett von Ihnen, in meinem Fall aber nicht nötig. Ich bin mit dem Wort seit meiner Kindergarten- und Schulzeit vertraut – bis zur Pubertät. Dann wurde ich mandeläugig und der Hit. Die Mädchen wollten meine Freundin sein, die Jungs wollten mit mir knutschen. Ich genoss diese Wende. Nach so vielen Jahren war ich plötzlich in. Dabei bin ich genauso deutsch wie meine Schulkameradinnen und -kameraden. Ich bin hier geboren, im Alter von fünf Tagen adoptiert worden und in der Nähe von Freiburg aufgewachsen, wo ich eine durch und durch deutsche Kindheit und Jugend erlebte, mein Vater ist Lehrer. Aber mir wuchs ein dickeres Fell als vielen anderen, und ich lernte, mich von der Meinung anderer unabhängig zu machen. Ich lernte auch, meine Mitmenschen nicht vorschnell zu be- und verurteilen. Toleranz bereichert das Leben. Ich würde nie auf die Idee kommen, Mütter, die es nicht bereuen, Kinder gekriegt zu haben, zu verunglimpfen. Das geht mich doch nichts an! Die werden schon ihre Gründe haben, so wie ich meine habe. Und ich war neugierig, und manchmal beneidete ich die rundum glücklichen Mütter auch.

Als ich zum ersten Mal von *Regretting Motherhood* hörte, fielen mir die vielen Väter ein, die ihre Vaterschaft wahrscheinlich bereuen, weil sie beispielsweise keine Alimente zahlen und sich sonst auch nicht oder kaum um ihre Kinder kümmern. Mütter kümmern sich nicht nur, sie vierteilen sich geradezu, um alles unter einen Hut zu bringen, was das moderne Leben ihnen abverlangt. So hatte ich mir das alles nicht vorgestellt, als ich schwanger war. Mittlerweile hatte mich die Realität eingeholt, die ich zweieinhalb Jahre lang für mein persönliches Dilemma gehalten hatte. Nun plötzlich war ich nicht mehr allein. Waren wir 23 oder 230 oder 2300 oder 23 000 oder 230 000 oder noch viel, viel mehr, die ihr Leben mit Kindern hin und wieder oder überwiegend als Last und Frust empfanden?

Sie alle hatten es offenbar kapiert, wie ich: Mütter zahlen keine Alimente, Mütter zahlen in Naturalien. Mit Lebenszeit, Karriereaus, Schlafmangel, Freiheit, Inkontinenz, Gewichtszunahme, Armut, Verblödung, Hängebrüsten, Nervenkostümdurchlöcherung, Langeweile, Dehnungsstreifen, Depressionen, Romantikverlust, Unterforderung, Burn-out, Sexverlust und so weiter. Manche Mutter geht als Frau dabei drauf.

Oder als Biologin, Künstlerin, Ärztin, Schreinerin, Lektorin, Physiotherapeutin. Oder schält sich der Kern heraus: die Mutter? Und die ohne Kern, das sind dann die Rabenmütter? Ich befürchte, in diese Kategorie gehöre ich. Ich bin nämlich nicht automatisch glücklich als Mutter. Ganz im Gegenteil: Es gibt Momente, in denen bin ich unglücklich, weil ich ein Kind habe. Viele dieser Situationen entstehen durch die Umstände; gerade Deutschland ist, was Mutterschaft betrifft, unbarmherzig. Es gibt aber auch Situationen, die andere Mütter als angenehm empfinden und in denen ich mich unwohl fühle. Ich koche nicht gern, ich backe und bastle auch nicht gern, ich beschäftige mich nicht gern mit Deko und bin kein häuslicher Typ. Ich lese nicht gern vor, und im Allgemeinen mag ich Kinder nicht besonders. Vor allem im Freibad merke ich das immer wieder, wenn die Gischt aus Kreischen und Gellen über mir zusammenbricht. Ich bin nicht der Typ Frau, der auf jedes Kleinkind zustürzt und es knuddeln muss. Ich finde das im Gegenteil unhöflich. Kinder als Allgemeingut, das jeder antatschen kann – so was käme mir nicht in den Sinn. Ich unterhalte mich prinzipiell lieber mit Erwachsenen, und wenn möglich nicht über Kinderthemen. Neulich habe ich zwei Frauen auf dem Spielplatz wetteifern gehört, welches ihrer Kinder die beste Furzkanone sei und das tollste Stinki mache, und darüber gerieten sie sich dann fast in die Haare, weil dahinter nämlich die Philosophie der richtigen Ernährung lauerte, und wenn die aufs Tablett kommt, wird schnell scharf geschossen. Überhaupt enden viele harmlose Spielplatzgespräche in unerbittlichen Konkurrenzkämpfen, wer das schönste, beste, tollste Kind hat, was aber nicht angesprochen wird, sondern meistens versteckt daherkommt, häufig in vorgeschobener Sorge: Wie, deine Kleine benötigt noch Windeln?

Ich habe zwei Jahre gebraucht, bis ich den Spielplatz-Code geknackt habe. Seither gehe ich noch widerwilliger hin. Aber ich tue es, täglich von Montag bis Freitag, oft sogar zweimal, zuerst auf den bei der Tagesmutter, dann auf den in meinem Viertel. Ich schubse die Schaukel an, ich schaue in den grauen oder blauen Himmel. Ich blicke in das Gesicht meiner Tochter, und wenn sie lacht, freue ich mich. Aber meistens bin ich genervt, weil ich was anderes will, vor allem erst mal weg vom Spielplatz. Und am anstrengendsten ist es, so zu tun, als wäre ich gern hier. Für meine Tochter. Aber vielleicht strengen sich manche der anderen Mütter genauso an, und der Spielplatz ist in Wirklichkeit ein Stressplatz?

Das Muttermärchen

Ich glaube, dass das Angebot »Mutterglück all-inclusive« ein Märchen ist. Trotzdem funktioniert der Mechanismus: Die Mutter, die nicht überglücklich mit ihren Kindern ist oder das alles nicht locker wuppt, fühlt sich schlecht. Und womöglich undankbar. *Du hast ein Kind. Andere wünschen sich eins und kriegen keins. Du schlechter Mensch, du.* Da ihre Gefühle nicht mit der allgemeinen Erwartung übereinstimmen, behält sie sie für sich. Oder spricht höchstens hinter vorgehaltener Hand darüber. Andere Mütter weisen so etwas oft empört zurück, obwohl sie womöglich dasselbe fühlen. Alles, was nicht in das glückliche Mutterbild passt, wird abgespalten. Selten wagt es eine Mutter, über den Tellerrand des Milchbreis zu blicken.

Ach manchmal, stell dir vor, also jetzt nicht echt, nur so irgendwie halt, also manchmal, da denk ich, wie das früher so war. Also nicht, dass du glaubst, ich würde mich da zurücksehnen oder irgendwas vermissen, nein, ich bin ja to-tal glücklich mit meinem kleinen Stefan, aber das waren schon geile, verrückte Zeiten damals, oder? Ist ja aber auch gut, dass die vorbei sind, also irgendwie, weil ... man muss doch mal irgendwo ankommen, und nie im Leben würde ich das zurückhaben wollen. Ich kann mir mein Leben ohne den Kleinen gar nicht mehr vorstellen.

Natürlich nicht. Wie auch. Er ist ja da. Für immer. Also muss man sich arrangieren. Alles andere wäre Wahnsinn.

Ich will trotzdem darüber reden und hoffe, wenn genug von uns darüber reden, hören die anderen aufmerksamer zu. Ich möchte mit diesem Buch meine persönliche Geschichte des Wandels von der Frau zur Mutter erzählen. Dass es diesen Wechsel tatsächlich gibt, hätte ich nie für möglich gehalten. Weil ich ein Kind habe, höre ich doch nicht auf, ich selbst zu sein! Doch die Gesellschaft stellt nun völlig andere Ansprüche an mich und urteilt unbarmherzig darüber, was eine Mutter darf und vor allem, was sie nicht darf. Werte wie Selbstbestimmung, Freiheit, finanzielle Souveränität, Spontaneität, Individualität ... und noch vieles mehr verschwinden aus dem Leben vieler Frauen, die Mutter werden.

Sobald eine Frau ein Kind bekommt, wird sie in die Mutterrolle gezwängt, wohingegen Väter meistens nur ein Nebenröllchen übernehmen und hauptberuflich Banker, Tischler, Arzt bleiben. Die Bankerin, Tischlerin, Ärztin wechselt das Fach komplett. Für einen Mann bleibt in der Regel fast alles, wie es ist – mit einem schönen Plus. Für die Frau ändert sich fast alles. Und manchmal steht sie vor dem Minus.

Aber das darf sie nicht sagen. Bloß nicht laut sagen. Sonst: Rabenmutter. In Deutschland ganz schlimm. In anderen Ländern gibt es dafür nicht mal ein Wort.

Hiervon ausgenommen sind natürlich all jene Mütter, die in ihrem Kind tatsächlich eine Erfüllung sehen, und bei denen die Rahmenbedingungen stimmen, die nicht auf der Streckbank lang gezogen werden, sondern durch ihre Kinder erst mal auf ihre persönliche Strecke kommen und später vielleicht sogar als glückliche Großmütter durchs Ziel laufen. Die gibt es auch. Und wenn ich eine solche sein könnte, wäre alles viel, viel leichter!

Es gibt keine Zahlen, wie viele Frauen bedauern, Mutter geworden zu sein, wie auch, wenn das alles im Dunkeln stattfindet und es selbst bei geheimen Treffen unter im Prinzip Gleichgesinnten lange dauert, ehe man sich outet, wenn überhaupt. Es soll ja auch viele schwule Fußballspieler geben. Es heißt also nicht, dass etwas nicht vorhanden ist, solange es nicht publik ist und die passende Statistik dazu fehlt. Ein Kind wird nicht in allen Fällen als Win-Win wahrgenommen, auch nicht, wenn sich die Eltern bis zum Anschlag anstrengen. Kinder bringen Vor- und Nachteile mit sich, heißt es. Viele sagen, dass sie sich in etwa die Waage halten. Aber lasst uns auch einmal über die Gedanken und Empfindungen derjenigen sprechen, bei denen die Waage fast nie in der Balance ist. Das tut ja keinem weh, im Gegenteil: Es sorgt für mehr Verständnis – und auch für die Kinder ist es besser, weil alles, was ausgesprochen ist, nicht mehr im Untergrund für Unruhe sorgt. Eine Mutter, die sich nicht überfordert, um Ansprüchen zu genügen, die allein ihr schlechtes Gewissen befriedigen sollen, ist weniger gestresst, was den Kindern zugutekommt. Ich wünsche mir einen deutlich entspannteren Alltag für die Mütter in Deutschland, die dann auch Frauen, Menschen bleiben dürfen, denen dieselben Rechte zugestanden werden, wie allen anderen, von denen keine übermenschlichen Taten wie von spirituell Erleuchteten erwartet werden.

Nicht alle Mütter, die Kinder haben, schwimmen in der Milchbreiglückseligkeit. Darüber mache ich mich nicht lustig, die kenne ich nämlich auch. Aber der Brei ist nicht an mir kleben geblieben. Nach den ersten Wochen mit dem Säugling wollte ich zurückkehren in mein Leben vor der Geburt. Das war doch das Natürlichste der Welt. Man macht da weiter, wo man aufgehört hat. Nein, eben nicht. Es war absolut unnatürlich, wie ich zu meiner großen Verwunderung feststellen musste.

Glückliche Mütter haben glückliche Kinder

Ich wünsche mir, dass meine Tochter Emma nicht aus dem schönen Deutschland fliehen muss, wenn sie selbst einmal Mutter werden sollte, sondern hier die besten Voraussetzungen vorfindet, um ihre Kinder großzuziehen. Dass sie ihr eigenes Leben weiterleben *und* Mutter sein kann. Ich wünsche mir, dass meine Tochter, wenn sie Mutter wird, Frau bleibt und dabei die Rolle genießt, die viele Väter in Deutschland derzeit zelebrieren. Sie behält ihr Leben und kriegt ein Kind dazu, anstatt ihr eigenes Leben zu verlieren. Niemals soll meine liebe Emma das schreckliche Gefühl haben, der Preis für das Kind sei der Mord an der Frau, die sie ist.

Deshalb schreibe ich dieses Buch. Ich will niemanden angreifen, ich wünsche mir, dass wir das Thema zusammen angreifen. Damit sich endlich wirklich etwas bewegt in Deutschland. Und aus diesem Grund sage ich es laut und deutlich: Mein Leben ohne Kind war leichter, schöner, freier. Ich bin fest davon überzeugt, auch mit Kind könnte das Leben leicht sein. Ich habe es auf der ganzen Welt gesehen, wie es sein kann, wenn es uns Müttern und Familien nicht so schwer gemacht wird.

Insgesamt habe ich rund 180 Länder bereist und dabei unzählige Familienmodelle kennengelernt. Und ich habe sehr viele Kinder in ihrer jeweiligen Umgebung erlebt. Vergleiche ich diese Eindrücke mit den Gegebenheiten in Deutschland, stelle ich fest, dass bei uns grundlegende Voraussetzungen fehlen. Einerseits sind wir zu altmodisch nach dem Motto von Adelbert von Chamisso, der vor rund zweihundert Jahren behauptete: »Nur eine Mutter weiß, was Glück bedeutet.« Andererseits sind wir zu modern, indem wir die Ansprüche der Leistungsgesellschaft – Funktioniere! Immer! Optimiere! Immer! – auch im Kinderzimmer erfüllen wollen. Es ist verwunderlich, dass ein Land wie Deutschland, das doch so ausgesprochen leistungsorientiert ist, ein solches Versagen über so einen langen Zeitraum kultiviert. Denn die Rechnung geht nicht auf: Eine gute Mutter kann nicht funktionieren, weil im Leben mit Kindern nur wenig wie geplant funktioniert. Eine gute Mutter muss improvisieren, was dann aber flugs in Funktionieren umgedeutet wird. Und das stresst. Dafür kriegt sie in der Werbung den Titel *Managerin eines Familienunternehmens* verliehen.

Die Formel für die glückliche Familie lautet: Sind die Eltern froh, ist das Kind fröhlich. Glückliche Mütter haben glückliche Kinder. Mutterschaft allein führt nicht zwingend zum Glück, und nicht selten sogar in die Insolvenz des Familienunternehmens, ins persönliche Unglück der Managerin, mindestens ins soziale und berufliche Abseits und in die Armut. 94 Prozent der alleinerziehenden Hartz-IV-Empfänger sind Mütter und darüber hinaus zukünftig von Altersarmut bedroht.[1]

Ich wünsche mir, dass wir die Hindernisse aus dem Weg räumen, die es so schwer machen, wenigstens zufrieden zu sein. Eine Frau, die ihre Mutterschaft bereut, wird sie dann zwar nicht begeistert feiern, aber vielleicht fällt ihr der Alltag ein bisschen leichter, so wie allen anderen Müttern auch. Und vielleicht sitzen sie dann mal miteinander auf einer Bank auf einem Spielplatz, und die eine sagt, dass sie es toll findet, Mutter zu sein, und die andere sagt, dass sie es vor allem anstrengend findet. Und beide lieben ihre Kinder, und das ist kein Grund, sich an die Gurgel zu gehen oder den Sandeimer auf den Kopf zu dreschen. Menschen sind verschieden. Wir können voneinander lernen und unseren Kindern vorleben, was Toleranz bedeutet, eine Eigenschaft, die in unserer Gesellschaft immer wichtiger wird. Wir sollten gemeinsam versuchen, eine gute Zukunft zu gestalten. Kinder sind Zukunft. Niemand, auch Große nicht, sollte mutterseelenallein sein müssen.

Vorspiel: Die Kinderfrage

Ich starrte auf die rote Linie. Das kann nicht sein, dachte ich. Ich bin neununddreißig. In dem Alter dauert es ewig, bis man schwanger wird, wenn überhaupt. Meine Freundin Sibylle hatte mir zu Fruchtbarkeitsstäbchen geraten, mit denen man den Eisprung bestimmen kann. Ich hatte sie zuerst mit Erfrischungsstäbchen verwechselt, die gab es in meiner Kindheit in Orangen- und Zitronengeschmack, in doppelter Lage übereinander in der Packung.

Hoffentlich werden es keine Zwillinge, dachte ich, doppelte Lage. Aber der Test ist bestimmt falsch, das kann gar nicht sein, oder? Mit meinem nigelnagelneuen Mountainbike, es war genau genommen erst seit achtzehn Stunden in meinem Besitz, radelte ich zur Apotheke und kaufte einen weiteren Test von einer anderen Firma. Schon wieder ein roter Strich. Ich starrte ihn an, als würde er irgendwann zu reden beginnen: »Hallo, Sarah, aus mir wird ein Baby, aber lass dich nicht foppen, der rote Strich bedeutet nichts, ich könnte auch ein babyblauer Junge werden.«

»Ich bin schwanger«, sagte ich einfach mal so in die Wohnung. Es hörte sich seltsam an. »Ich kriege ein Kind.« Das war erst recht komisch. Und bestimmt war es falscher Alarm, so was klappte nicht, wenn man es sich wünschte, es passierte doch meistens, wenn es eigentlich nicht passte.

Den dritten Schwangerschaftstest kaufte mein Freund

Alexander. Diesmal starrten wir beide auf den roten Strich. Alexander zweifelte keine Sekunde. Er wirbelte mich durch die Wohnung, wie es die guten Männer in den schlechten Filmen machen, und kriegte sich vor Freude kaum mehr ein. Wir hatten uns erst vor einem halben Jahr kennengelernt, auf dem Münchner Oktoberfest. Ich liebe die Wiesn und bin im Besitz von zwölf Dirndln.

»Da kann ich ja gar kein Dirndl anziehen zur nächsten Wiesn«, brachte ich schließlich heraus, als der positive Schwangerschaftstest in mein Leben sickerte. »Da bin ich dann ja schon«, ich rechnete mithilfe meiner Finger, »im siebten Monat!«

Alexander lachte. Sein größter Wunsch schien sich zu erfüllen. Ich selbst hatte mit der Kinderfrage im Alter von siebenunddreißig Jahren abgeschlossen, in den Jahren davor hatte sie mich phasenweise allerdings heftig gebeutelt. Ich wollte niemals ein Kind um jeden Preis, und meistens fehlte mir der passende Partner. Ich litt nicht darunter, mit dreißig noch kein Kind zu haben. Meine Einstellung dazu war völlig unverkrampft. Schön, wenn ja, im Moment eher nein – denn wie sollte das gehen während der Berufsausbildung, später bei meinem Traumjob bei Virgin Records und danach MTV und schließlich bei sieben Monate Reisen pro Jahr, das verlangte mein Beruf als Vortragsreferentin und Drehortscout, in dem ich mir mittlerweile einen guten Stand erarbeitet hatte. Ich war ziemlich glücklich mit meinem Job und Leben, auch wenn ich mich oft in extremen Klimazonen aufhielt – zwischen 50 Grad plus und minus. Da passte kein Kind rein, in so ein Leben.

Einmal nur war ich in jüngerer Vergangenheit ins Grübeln geraten. Das war, wie gesagt, kurz vor meinem siebenunddreißigsten Geburtstag, als eine befreundete Therapeutin locker meinte: »Erst wenn du ein eigenes Kind hast, weißt du, wohin du gehörst.« Diese Aussage verwirrte mich, zumal sie von einer Therapeutin stammte. Glaubte sie, ich würde mir in die Tasche lügen? Musste ich bei dem Kinderthema doppelt und dreifach aufmerksam sein? Schließlich hat meine leibliche Mutter mich weggegeben. Meine beste Freundin klärte die Situation mit einem knappen: »Die spinnt doch! Was geht die das überhaupt an? Beim Thema Kind drehen immer alle durch.«

Nur wir nicht, sie und ich. Wir hatten keine. Noch.

Für diesen Nachmittag, den wir später »Tag des roten Strichs« nannten, hatten Alexander und ich eine Radtour ins Fünfseenland bei München ins Auge gefasst. Wir wollten unsere tollen neuen Mountainbikes einfahren. Schließlich hatten wir in den folgenden Wochen viele Touren geplant, auch richtig krasse Downhills und eine Alpenüberquerung. Als wir gemütlich am Ammersee entlangradelten, beschlossen wir einen Abstecher zu Bekannten. Alexander platzte schon an der Haustür mit der Neuigkeit heraus: »Sarah ist schwanger!«

Später nahm mich die Frau des Bekannten beiseite. »Du darfst das nicht überall herumerzählen«, sagte sie zu mir.

»Wieso denn nicht?«, fragte ich irritiert. Außerdem hatte ich ja gar nichts gesagt. Es war Alexander gewesen. Wenn das Herz voll ist, geht der Mund über.

»In den ersten drei Monaten darf man es niemandem sagen, denn es könnte abgehen, und dann wüssten es alle.«

Ich kapierte erst mal gar nichts. Dann erschloss sich mir diese schräge Logik. »Aber wenn es niemand weiß, kann doch auch niemand mitfühlen. Dann begreift doch niemand, warum man traurig ist«, widersprach ich.

Sie schüttelte missbilligend den Kopf. Ich habe später noch oft an dieses Kopfschütteln gedacht, denn es war das erste von unzähligen anderen, die mir von diesem Tag an begegnen sollten, wann immer ich gegen die Regeln verstieß, die im Übrigen, wenn auch in ferner Vergangenheit von Männern gemacht, häufig am vehementesten von Frauen vertreten werden. Beim Abschied wurden wir gefragt, wie wir nach Hause kämen. Auch Alexander kapierte die Frage nicht. »Mit den Bikes natürlich.«

»Aber Sarah ist doch schwanger!«

»Ja … und?«, fragte er. »Deswegen ist sie doch nicht krank. Außerdem sind wir mit den Rädern zu euch gekommen.«

»Ja, aber gerade in der ersten Zeit müsst ihr aufpassen. Ich möchte mir später keine Vorwürfe machen, weil ich es euch nicht gesagt habe.«

Alexander und ich waren uns einig, dass wir dieses Pärchen nicht mehr besuchen würden. Natürlich wusste ich, dass Downhill-Touren für die nächsten Monate gestrichen waren. Aber doch nicht das Radfahren prinzipiell, und wenn unser Kind auf der Welt wäre, würden wir es im Anhänger mitnehmen.

Auch unter Dieben scheint es solche zu geben, die auf die strikte Einhaltung des deutschen Mutterkodex achten. Einige Wochen nach diesem Ausflug – Alexander und ich waren nicht oft mit unseren neuen Mountainbikes unterwegs gewesen – wurden die Räder aus unserem Kellerabteil gestohlen. Als Emma auf die Welt kam, kauften wir uns bald ein Auto. Ich hatte nie ein eigenes Auto gewollt, schon gar kein neues, ich finde das überflüssig, wenn man in einer Stadt wie München wohnt. Doch Alexander meinte, wenn wir ein Kind hätten, bräuchten wir ein Auto. Alle anderen Eltern hatten auch Autos. Und dann brauchten wir den allerbesten, allersichersten, allerkomfortabelsten Maxi-Cosi. Das war mein erster Ausflug in die Markenwelt Säugling, und ich staunte, was für eine unglaubliche Kaufkraft in Eltern steckt und wie man sie bei geschicktem Marketing optimal melken kann. Denn es ist doch alles immer nur zum Wohl des Kindes. Auch wenn es noch nicht mal Mami und Papi sagen kann, steckt es schon in den richtigen Klamotten. Du arbeitest dich krumm und blöd, damit du deinem Kind etwas bietest, das es gar nicht schätzen kann. Leider hast du dann keine Zeit mehr für dein Kind, aber das wird immerhin im richtigen Label ruhig gelegt.

Baby statt Bier

Das Einzige, was mir wirklich schwerfiel bei all den Einschränkungen während der Schwangerschaft, war es, kein Bier zu trinken. Ich liebe Bier! So ein kühles Helles am Abend. Und eine Maß auf der Wiesn. Und ein Radler im Biergarten. Ich bin zwar in Trossingen geboren, doch ich fühle mich schon lange als Bayerin, und da ist das Bier quasi ein täglich Brot. Ich schreibe das absichtlich so drastisch, auch wenn ich selbst nicht täglich Bier getrunken habe, weil ich öfter damit konfrontiert war, dass eine werdende Mutter alles, worauf sie verzichtet, mit Begeisterung meidet. Das wird vielerorts von ihr erwartet. Für die werdende Mutter gibt es keinen Verzicht, nur Vergnügen. Ich selbst habe seit meinem ersten Schwangerschaftstest keine Zigarette mehr geraucht, obwohl ich gerade nach dem ersten roten Strich gut eine hätte brauchen können. Und nein, es ist mir nicht schwergefallen. Ich habe während der Schwangerschaft und während der neun Monate Stillzeit kein einziges Bier getrunken. Und wenn ich das bedauerte, wurde es mir angekreidet, weil das Glück, schwanger zu sein, jeden Verzicht wettmachen und alles überstrahlen sollte. Die Schwangerschaft sollte mich schlagartig zu einem anderen Menschen machen, der seine Vorlieben und Abneigungen über Bord wirft. Das gab mir zu denken, zumal sich ja zum Teil wildfremde Menschen anmaßten, mir Vorschriften zu machen. Und ich stand erst am Anfang eines langen Wegs. Im Fall von Bier erklärte ich es mit einem Beispiel: Stell dir vor, du trinkst ab sofort keinen Kaffee mehr. Ich kenne sehr viele Frauen, die ohne Kaffee, laut eigener Aussage, nicht überlebensfähig sind.

Nach einem schönen Wochenende mit Alexander, an dem er mich sehr verwöhnte, ging ich am Montag zur Frauenärztin. »Ja«, bestätigte sie, »Sie sind schwanger. Das ist ja quasi ein Lottogewinn in Ihrem Alter.«

Sonst sagte sie wenig, sie gab mir keine Liste mit Verhaltensregeln, sondern händigte mir nur sachlich den Mutterpass aus. Das gefiel mir, denn Kinderkriegen ist ja eigentlich nichts Besonderes, es kommt sogar ziemlich häufig vor. Und genauso unspektakulär wollte ich es auch handhaben. Unaufgeregt, entspannt, dankbar, dass ich in einem Land wie Bayern mit bester medizinischer Versorgung, falls ich sie nötig hätte, schwanger sein durfte. Ich war zu dieser Ärztin gewechselt, weil mein vorheriger Frauenarzt bei einem Vorsorgetermin angemerkt hatte: »Allmählich wird es aber Zeit, Frau Fischer. Wann kriegen Sie ein Kind?« Das fand ich so unverschämt, dass ich nie wieder zu ihm ging. Und noch mehr erstaunte es mich, dass andere Frauen ihn verteidigten, er habe es doch nur gut gemeint. Wieso ist die Toleranzschwelle von Frauen oft so niedrig, wenn es um Mutterschaft geht? Als wäre Mutterschaft nichts Persönliches, sondern ein Allgemeingut, bei dem jeder mitreden kann, jeder eine Meinung haben und sich einmischen darf. Und jeder recht hat.

Bei der nächsten Untersuchung fiel das unschöne Wort Risikoschwangerschaft. Ich war ja schon sooo alt, nämlich neununddreißig. Ausführlich beriet mich die Ärztin über die Möglichkeiten der pränatalen Diagnostik, um unter anderem auszuschließen, dass unser Kind von Trisomie-21, also dem Downsyndrom betroffen sei. Dazu gab es die Möglichkeit der Fruchtwasseruntersuchung, bei der die Fruchtblase angestochen würde, oder eine Untersuchung der Plazenta. Die Vorstellung, dass mein Kind – so was kommt vor – mit einer Nadel verletzt würde, war entsetzlich. Ich entschied mich für die Plazentauntersuchung. Irgendwie gehörte der Mutterkuchen eher zu mir, über den konnte ich bestimmen, wenn der gestochen wurde, das war meine Sache. Alexander stellte fest, dass ich jetzt wohl das erste Mal Muttergefühle hätte.

»Eher Mutterkuchengefühle«, korrigierte ich.

Mutterkuchengefühle

Meine Schwangerschaft war ein Sahnestück, das immer runder wurde. Es ging mir fantastisch. Keinen einzigen Tag war mir übel. Ich war fast immer gut gelaunt und liebte meine Plauze.

Da siehst du mal, dachte ich, jahrelang hast du überlegt, Kind ja oder nein, und plötzlich wächst es in deinem Bauch heran.

Die Schwangerschaft war wie ein großes Abenteuer für mich, nur dass ich für dieses Abenteuer nicht in der Weltgeschichte herumreiste. Als Vortragsreferentin habe ich im Sommer wenig zu tun, da gehen die Leute lieber in Biergärten. Natürlich arbeitete ich trotzdem für mein zweites berufliches Standbein als Drehortscout, doch ich gönnte mir längere Mittagspausen und machte insgesamt ein bisschen langsamer. Der Herbst würde extrem anstrengend werden. Emma, wir wussten nun schon, dass unser Kind ein Mädchen war, sollte Anfang Januar zur Welt kommen, im November und Dezember hatte ich eine Menge Termine. Große Hallen werden oft zwei Jahre im Voraus gebucht, ich hätte hohe Konventionalstrafen zahlen müssen, wenn ich diese Veranstaltungen abgesagt hätte. Und das hätte auch meinem Ruf geschadet. Ich hatte lange und hart gearbeitet, um dort anzukommen, wo ich heute war. Das wollte ich nicht gefährden. Mein derzeitiger Vortrag *Mongolei – Unterwegs mit den*

Nomaden lief prima, und im Herbst würde auch mein erstes Buch *Heimatroulette – Durch 160 Länder zu mir selbst* herauskommen. Es gab bereits eine Reihe von Lesungsterminen und Presseanfragen – da schadete es nicht, wenn ich mich im Vorfeld erholte, um alles gut über die Bühne zu bringen.

Mein erstes Buch erschien mir wie der krönende Abschluss meines unruhigen Lebens. Ich hatte aufgeschrieben, was ich auf meinen Reisen erlebt hatte, jetzt würde ich eine Weile zu Hause bleiben und ein Kind kriegen. Ich musste nichts mehr abhaken, ich hatte keine unerfüllten Träume und Sehnsüchte. Es war der perfekte Moment für ein Kind, gerade weil ich nicht mehr damit gerechnet hatte, gerade weil ich es keiner schwangeren Freundin gleichtat, gerade weil ich mich nicht von irgendeinem Ramaglück verführen ließ. Ich war reif für ein Kind, auch beruflich hatte ich viel erlebt in meiner jahrelangen Selbstständigkeit, davor hatte ich in der Musikbranche mit Stars wie den Rolling Stones, Lenny Kravitz, Janet Jackson, den Spice Girls zu tun gehabt. Bis jetzt war mein Leben alles andere als langweilig verlaufen. Bessere Voraussetzungen kann man nicht haben, dachte ich. Ein Kind in jungen Jahren in die Welt zu setzen, mag Vorteile haben, es kann aber auch dazu führen, dass man zu Hause hängen bleibt – ohne Berufserfahrung oder gar -ausbildung. Ich kenne einige Frauen, die dann in der Folge noch weitere Kinder bekamen, obwohl eigentlich nur eins geplant war. Alexander sprach gelegentlich auch vom zweiten Kind. »Jetzt lass uns erst mal das erste kriegen!«, bremste ich ihn. Natürlich wusste ich, dass ich nicht mehr viel Zeit hatte, wenn wir uns ein Geschwisterkind wünschten. Bloß war bei mir von diesem Wunsch weit und breit nichts zu spüren – obwohl es bis jetzt danach aussah, dass Alexander mich nach Emmas Geburt erstklassig unterstützen würde. Ich konnte es allerdings nur vermuten, weil wir uns noch nicht besonders lange kannten. Wegen des Kindes war unsere Verliebtheitsphase ziemlich kurz gewesen. Alexander kochte sehr gern und teilte mir eines Tages mit, dass er, wenn das Kind da sei, abends regelmäßig für die Familie ein gesundes Gericht zubereiten würde. Und einkaufen würde er auch, da er Wert auf hochwertige Zutaten legte, er könne ja auf dem Heimweg vom Job frisches Gemüse besorgen. Ich war begeistert und fasste das kein bisschen als Kritik an meinen eigenen Kochkünsten auf. Auch die Wäsche übernahm Alexander, weil ich sie nicht glatt genug zusammenlegte. Da wir ein unterschiedliches Ordnungsbedürfnis hatten, übernahm er prinzipiell viel im Haushalt. Andere Frauen stritten um männliche Beteiligung an Hausarbeit, meiner bot sie freiwillig an! Im Gegenzug verlangte er keineswegs von mir, dass ich wegen der Schwangerschaft meine Vorträge absagte. Wenn es sich einrichten ließ, begleitete er mich und half mir beim Aufbau.

Mehrere Freundinnen und Bekannte im Mutterstatus erklärten mir dagegen, dass ich diese Termine unmöglich würde halten können. »Das kannst du dir abschminken! Was glaubst du, was du im siebten und achten Monat für eine Wampe hast. Und lass dann mal was sein.«

»Was soll denn da sein?«, fragte ich. »Es lief doch bis jetzt alles glatt.«

»Von dem Moment an, wo du ein Kind hast, läuft nichts mehr glatt«, wurde mir prophezeit.

Ich verstand nicht, warum alle ständig den Teufel an die Wand malten. Allein Sibylle und Alexander stärkten mir den Rücken »Es wird schon klappen«, meinte er. Im Gegensatz zu mir arbeitete er als fest angestellter Businessanalyst und konnte sich seine Arbeitszeit rund um eine Kernzeit einteilen.

Wegen unserer zukünftigen Elternschaft hatte er auf eine Beförderung verzichtet, weil er dann an unterschiedlichen Standorten in Deutschland hätte arbeiten müssen. Was viele Frauen in Ahs und Ohs zerfließen ließ – was für ein toller Mann! –, fand ich in einer Beziehung auf Augenhöhe, die Familie plant, normal. Schließlich kriegten wir das Kind zusammen, auch wenn nur ich immer dicker wurde. Es war abgemacht, dass ich weiterarbeiten und Alexander mich unterstützen würde, wie es eben ging. Und weil »wie es eben ging« ein Gummibegriff ist, bestand ich darauf, dass wir wie bisher alle Kosten halbe-halbe teilten. Denn ich hatte oft genug beobachtet, was geschah, wenn Frauen durch ihre Mutterschaft von den Vätern der Kinder finanziell abhängig wurden. Meistens war die schöne Zeit der Beziehung damit beendet. Zahlreiche meiner Freundinnen von früher hatten mittlerweile Kinder, zu den meisten hatte ich den Kontakt verloren, weil sich ihr Leben nur noch um ihre Kinder drehte, auch bei den erschreckend vielen Alleinerziehenden. Beruf als reine Beschaffungsmaßnahme. Sie hetzten durch ihr Leben auf der Jagd nach Geld, das meistens knapp war. Je größer ein Kind wird, desto mehr Geld braucht es. Selbst hervorragend ausgebildete Frauen schlugen sich mit irgendwelchen Jobs durch, weil sie mit Kind keine adäquate Anstellung fanden, zumindest keine in Teilzeit. Ihre Exfreunde hatten oft schon neue Familien gegründet und kümmerten sich wenig. Natürlich wünschte ich mir für Alexander und mich eine rosige Zukunft. Aber es wäre doch bescheuert, diese Gefahr auszublenden bei Scheidungsraten von bis zu 50 Prozent in Großstädten. Die Geburt des ersten Kindes gilt als Risikofaktor, viele Paare trennen sich im ersten Jahr als Eltern. Man verändert sich nun mal, meistens gravierend, ob man will oder nicht, und man muss sich verdammt anstrengen, diejenige zu bleiben, die man war, denn überall lauern die Einflüsterer, die einem sagen wollen, was richtig ist, und am schlimmsten ist das schlechte Gewissen, das einen zu Dingen und Taten treibt, die man eigentlich gar nicht will. Hinein in ein Leben, das man nicht will. Je deutlicher man die Verhältnisse innerhalb der Beziehung ändert, desto stärker belastet man die Beziehung. Wenn ich mich als Mann in eine selbstbewusste Frau verliebe, die für ihren eigenen Lebensunterhalt sorgt, komme ich vielleicht nicht gut damit klar, wenn sie sich in eine Koch-Wasch-Back-Mutti verwandelt. Genauso, wenn ich mich als Frau in einen echten Kerl verliebe, der dann schon während der Schwangerschaft von »unserem Muttermund« spricht und mit mir um die Wette hechelt. Als Mann komme ich nicht damit klar, wenn meine beruflich erfolgreiche Partnerin plötzlich nur noch über Kinderkram spricht. Oder den völlig ignoriert und so tut, als wäre sie nicht schwanger. Oder wenn sie depressiv verstimmt ist, weil ihr die berufliche Anerkennung fehlt. Und als Frau komme ich nicht damit klar, wenn mein Freund jeden Tag Überstunden macht und kaum mehr zu Hause ist, weil er auf dem Ernährertrip ist, den er angeblich nur für mich und das Kind absolviert. Untersuchungen zeigen, dass die meisten Männer nach der Geburt ihrer Kinder mehr arbeiten. Ob Väter aus dem Grund mehr Zeit am Arbeitsplatz verbrachten als ihre kinderlosen Kollegen, weil sie sich vor familiären Pflichten drücken wollten, oder eben aus finanzieller Notwendigkeit, lässt die Untersuchung offen.[2] Das wäre allerdings eine interessante Fragestellung – aber würde sie ehrlich beantwortet werden? Denn auch Väter sind gern gute Väter, und selbst ausgemachte Rabenväter beteuern in der Regel, dass sie sich für ihren Nachwuchs praktisch zerreißen.

Alle opfern sich auf. Und nehmen zu nach dem Motto: Seit er Papi ist, lässt er sich völlig gehen. Es geschehen die verrücktesten Dinge, wenn Kinder auf die Welt kommen. Besonders sensible Männer können sogar Schwangerschaftsübelkeit entwickeln.[3]

Im Freundeskreis musste ich erleben, dass ausgesprochen liebe und frauenfreundliche Männer, die zu Vätern wurden und deren Frauen mit Kind ohne Job zu Hause blieben, plötzlich den Macker rauskehrten, der schließlich die Kohle ranschafft. Nein, so was wollte ich nicht riskieren. Alles sollte bleiben, wie es war, nur dass ein Kind dazukam. Wenn ich heute an meine damalige Naivität denke, kann ich nur den Kopf schütteln. Und dabei hielt ich mich für aufgeklärt und gut vorbereitet. Ich bekam dieses Kind ja nicht mit Anfang zwanzig. Ich hatte mich vorbereitet, und ich war willig, auf vieles zu verzichten, was keinen wirklichen Verlust für mich darstellte, weil ich eben schon so viel erlebt hatte. Aber was in den folgenden Jahren geschehen sollte, das hätte ich mir nicht in meinen abenteuerlichsten Träumen ausmalen können. Ich befand mich im Vorspann zu einem Krimi, in dessen Verlauf einer Frau durch Mutterschaft die Luft abgedrückt werden würde. Ob sie überlebt?

Die ungeschminkte Braut

Ich wollte, wie gesagt, nie ein Auto. Ich wollte auch nie heiraten. Es vertrug sich nicht mit meiner Lebenseinstellung. Ich sah auch keinen Grund dazu. Aus Liebe etwa? Was hat Liebe mit dem Ja vor einem Standesbeamten zu tun? Heiraten wegen des Geldes? Ich fand das Ehegattensplitting sowieso ungerecht. Und heiraten war teuer. Erst die Party und später, wenn es schlecht lief, die Scheidung. Da ich hart für mein Einkommen arbeitete, hatte ich keine Lust, es für so einen überflüssigen Event zum Fenster hinauszuwerfen. Doch Alexander wollte unbedingt heiraten. Das erste Mal fragte er mich, da war ich noch gar nicht schwanger. Und als ich schwanger war, erhöhte er die Schlagzahl und führte auch unser Kind als wichtigen Grund an. Es sollte doch bitte schön in geordneten Verhältnissen zur Welt kommen, und nur wenn wir verheiratet wären, liefe alles in geregelten Bahnen. Das widersprach zwar der Statistik, laut der im Jahr 2006 30 Prozent der Kinder außerehelich zur Welt kamen, aber davon ließ er sich nicht beeindrucken.[4]

Alexander hatte alles schon ausgerechnet und ausgedruckt und legte Exceltabellen auf den Tisch. Es rührte mich, dass er sich so viel Mühe gemacht hatte, und so beugte ich mich über die Tabellen und versuchte, sie zu verstehen. Eine Ungereimtheit fiel mir auf: »Wir werden zwar Elterngeld bekommen«, sagte ich zu ihm, »und das ist erst mal steuerfrei, doch es unterliegt dem sogenannten Progressionsvorbehalt, was bedeutet, dass sich die Steuerlast für das übrige Einkommen erhöht. Das ist doch eine Mogelpackung! Man wird gelockt mit Geld, das man später zurückzahlen muss!«

»Willst du mich heiraten?«, fragte Alexander treuherzig.

Irgendwann sagte ich: »Wir können uns ja mal verloben.« Insgeheim hoffte ich, damit gäbe Alexander sich zufrieden und er würde das mit der Hochzeit früher oder später vergessen. Dem war aber nicht so. Selbst meine konservativen Eltern staunten, als sie meinen Verlobungsring sahen. »Wer verlobt sich denn heutzutage noch?«, wunderte meine

Mutter sich. Als ich ihr erzählte, dass ich den Verlobungsring selbst bezahlt hatte, begriff sie gar nichts mehr. Ich eigentlich auch nicht.

Vor einigen Jahren habe ich mich mal mit einer Frau unterhalten, die eine Eventagentur betreibt. Sie erzählte mir, dass die Ehen, die mit perfekten Hochzeitsfeiern geschlossen werden – Kutsche mit Lipizzanern, weiße Tauben, achtgängiges Menü mit vierstöckiger Hochzeitstorte –, am kürzesten währen. So argumentierte ich dann bei Alexander, als er das mit der Heirat nicht vergessen, sondern mich unbedingt vor Emmas Geburt ehelichen wollte. Alexander erklärte mir, dass ein Eheversprechen für ihn bindend sei. Bindend dachte ich, komisches Wort. Ich bat ihn um eine ganz kleine Feier. »Nur der engste Familienkreis.«

Doch ich hatte die Rechnung ohne meine Lieblingscousine Christina gemacht.

»Man heiratet nur einmal im Leben«, behauptete sie am Telefon, obwohl auch diese kühne Aussage den meisten Statistiken widersprach.

»Von mir aus bräuchte man gar nicht zu heiraten«, erklärte ich.

»Du musst Onkel Theo und Tante Gudrun einladen.«

»Ich muss gar nichts.«

»Das wird der schönste Tag in deinem Leben«, versprach Christina.

Mir war der Zusammenhang nicht klar. Überhaupt schien ich sehr wenig zu begreifen, wie Christina mir klarmachte, als sie von Ritualen sprach und Zeichen und Familienzusammenführung und gegenseitiger Fürsorge. Und dann sagte sie mir mit einem Augenzwinkern, dass sie erwäge, mir die Cousinenschaft zu kündigen, wenn ich sie nicht einladen würde.

So wurde aus der standesamtlichen Minihochzeit im engsten Familienkreis eine Feier für über zwanzig Personen, die ich nicht per Mail einladen durfte, wie ich es beabsichtigt hatte: So was tut man nicht. Also besorgte ich cremefarbene Einladungskarten, die Christina lobend hervorhob – im selben Farbton wie mein Hochzeitskleid, das ich mir ebenfalls nicht gekauft hätte, wenn es nach mir gegangen wäre. Was sollte ich mich ausstaffieren, wenn ich bei der Feier im siebten Monat wäre? Augen zu und durch, Hauptsache dehnbar.

Und ich dachte mir, dass ich ja noch Glück hatte, dass wenigstens das Kind ganz und gar meine eigene Entscheidung war. Schließlich gibt es auch Familien, in denen wird das erwartet, da fragen die Eltern im Wochentakt, wann sie bitte schön endlich Großeltern werden. Oder eine Schwester muss gleichziehen, weil die andere schon zwei Kinder hat und sie im Erbe nicht benachteiligt werden möchte. Es gibt die unglaublichsten Gründe, Kinder zu bekommen, mal abgesehen von der schweren Bürde für ein Kind, eine kaputte Beziehung kitten zu sollen.

Beim Hochzeitskleidkauf wurde ich gefragt, ob ich bereits einen Make-up-Artist gebucht hätte, und hörte, dass das erstens unabdingbar wäre und zweitens 150 Euro kostete. Ich beschloss, mich selbst zu schminken. In der Nacht vor dem großen Tag googelte ich Hochsteckfrisuren, vergaß bis zum nächsten Morgen, wohin welche Klammer gehörte, und geriet darüber so in Hektik, dass ich die Wohnung ungeschminkt verließ, was mir erst auf dem Standesamt auffiel, und dann heulte ich und die anderen lachten und schoben es auf meine Aufregung am schönsten Tag meines Lebens. Gut, dass ich nicht geschminkt war, sonst wäre die Schminke, wegen deren Fehlen ich geheult hatte, verlaufen. Besonders meine Menükarte, selbst gebastelt, wie es das Gesetz verlangte, fand Christinas Anerkennung, sie war ebenfalls cremefarben, mit einem grünen Samtband, wie meine Schuhe. Das Essen wäre sicher lecker gewesen, wenn ich einen Bissen runtergekriegt hätte. Ich habe bis heute das Gefühl, um dieses Kalbsschnitzel und den Kaiserschmarrn betrogen worden zu sein. Später standen Alexander und ich in brütender Hitze auf einer Holzbrücke und sollten entspannt lächeln auf den Fotos für die Ewigkeit. Mein Magen knurrte laut wie ein Hund, dem es zu eng wird.

Irgendwann stand ich allein vor dem Lokal, schaute an mir runter, sah das cremefarbene Kleid und die grünen Schuhe, spürte den Ehering an meinem Finger, den mein Mann bezahlt hatte, und dachte: Jetzt bist du verheiratet. Es fühlte sich fremd an. Ich benannte das ganze Ausmaß laut: »Ich bin verheiratet und schwanger.«

Und das, wo ich eigentlich nie heiraten wollte. Und auch das mit dem Kind war letztlich fraglich gewesen. Wie das Leben so spielt. Plötzlich steckte ich in einem neuen Abschnitt. Würde er mir gefallen? Waren meine Entscheidungen richtig? Wenn ich bei meiner eigenen Hochzeit nichts essen konnte, was sagte das über die Zukunft aus? Würden von nun an nur noch andere von meinem Teller essen? Und was bliebe dann für mich übrig? Warum hatte ich mich auf diesen ganzen Zirkus eingelassen? Um Alexander glücklich zu machen? Weil man es so machte? Um meine Familie zufriedenzustellen? Sah so meine Zukunft aus, das Wollen und Wünschen anderer vor meine eigenen Bedürfnisse zu stellen? Ich war doch immer so stolz auf meine Unabhängigkeit gewesen!

Am Abend meiner Hochzeit schwante es mir, dass Selbstbestimmung und Freiheit sich unter Umständen nicht mit dem Leben als Mutter und Ehefrau vertragen.

Kinderkriegen ist ansteckend

Auf meinen vielen Reisen habe ich zahlreiche Situationen erlebt, in denen ich improvisieren musste. Ich war ja stets als Individualreisende unterwegs, und da lief oft alles anders als geplant. Genau genommen hatte ich nie einen Plan, das war ja das Tolle an diesem Lebensstil. Ich wusste gerade mal, wohin ich wollte, wie, das würde sich schon ergeben. Jedenfalls war ich für Routenänderungen jederzeit offen. Und so dachte ich mir in der Mitte meiner Schwangerschaft einmal: Vielleicht werde ich zu einer dicken Schürzenmutti. Das hielt ich zwar für unwahrscheinlich, doch ich hatte mir früher auch nicht vorstellen können, dass sich die nervöse, untergewichtige Kettenraucherin Doro, die so schnell sprach, dass man immer nur die Hälfte verstand, in eine gelassene ruhige Mama verwandeln könnte, die am liebsten in ihrer Küche in dem Häuschen auf dem Lande stand und verrückte Dinge tat wie Marmelade einkochen, Holundersirup herstellen, Zwetschgendatschi backen und das alles mit einer unendlichen Geduld, denn ihre Zwillinge halfen ja mit. Ich stellte mir vor, wie das so wäre, googelte sogar mal, wie das überhaupt ging, Marmelade einkochen. Ich würde Erdbeere machen. Und zum Schluss einen rot-weiß karierten, herzförmig ausgeschnittenen Stoff auf das Glas kleben und es ordentlich beschriften. *Sarahs Erdbeermarmelade.* Mit Datum. Nein, *Emmas Erdbeermarmelade,* denn ohne Emma keine Marmelade. Auch Bettina war zu einer Schürzenmami geworden, wenn sie auch eher ein Schwert trug. Bettina kämpfte jetzt für Stoffwindeln, damit wir unseren Kindern eine lebenswerte Umwelt hinterließen. Leider konnte man sich mit ihr nur noch darüber unterhalten. Das war mir oft aufgefallen, dass Mütter sich gern in Themen verbeißen.

Sehr beliebt hier die Ernährung, aber natürlich auch Erziehungskonzepte. Was würde wohl mein Thema werden? Ich konnte mir überhaupt kein Kinderthema vorstellen, weil mich diese Fragen nicht interessierten. Insgeheim grauste es mir vor all den Mahlzeiten, die ich bald würde zubereiten müssen, wenn Alexander nicht zu Hause war. Ich koche nun mal nicht gern. Aber vielleicht würden mich schon bald diese Nesthormone durchfluten, von denen ich gelesen hatte, und ich würde Rezepte sammeln und aufs Land hinausfahren und über wilde Wiesen streunen, Kräuter sammeln und Brot backen so wie Elke. Oder stricken wie Ute. Oder einen Mamiblog schreiben wie Melanie. Freundinnen machen sich doch oft was nach. Eine fängt damit an – und dann stricken alle. Eine hat diesen schrillen Schlüsselanhänger – und dann wollen ihn alle. Eine kriegt ein Kind ... und dann, ja auch dann, selbst wenn man nicht sicher ist, aber man will schließlich nichts versäumen, und wenn die beste Freundin schon eins hat ... da muss man doch mitmachen. Ich bin überzeugt davon, dass Kinderkriegen ansteckend ist! Und dass viele meinen, man dürfe sich das als Event nicht entgehen lassen.

Wenn man glaubt, dass man wiedergeboren wird, wie es in vielen Ländern, die ich bereist habe, die Regel ist, kann man seine irdische Existenz relativ gelassen betrachten. Sollte es nicht optimal laufen, wetzt man diese Scharte bei der nächsten Reinkarnation aus, und im Paradies spielt das dann sicher keine Rolle mehr. Wenn man allerdings davon ausgeht, dass dieses Leben die einzige Chance ist, dass es nur dieses eine Leben gibt, dann muss es ausgequetscht werden bis zum letzten Tropfen. Mitnehmen, was geht. So schnell wie möglich so viel wie möglich rausholen. Abenteuer, Anerkennung, Besitz, Erfolg, Erkenntnis, Freude, Geld, Lachen, Liebe, Luxus, Menschen, Prestige, Ruhm – je nachdem, was einem erstrebenswert erscheint. Und eben nicht zu vergessen: Kinder! Eine Freundin fängt an, und dann werden die anderen auch alle schwanger. Wenn ich mich früher hätte anstecken lassen, wäre ich viel weniger gereist. Die Kinder meiner Freundinnen waren größtenteils schon in der Pubertät. Das bedauerte ich. Ich hätte gern eine Freundin mit einem Kind in Emmas Alter gehabt. Eine Frau, die ich auf dem freien Markt kennengelernt hätte, die ich gut fand und interessant.

Werde ich in Zukunft vor allem Zeit mit Frauen verbringen, weil ihre Kinder sich mit Emma verstehen, weil es praktisch ist, weil man sich gegenseitig unterstützt? Es sind dann wohl nicht unbedingt Herzensbegegnungen. Für meine eigenen Freundinnen fehlt mir leider schon heute die Zeit. Ich verbringe Zeit in Zweckgemeinschaften mit anderen Müttern – für Emma. Und da muss ich mich gut benehmen und darf nicht aus dem Rahmen fallen, und es ist oft besser, mitzuspielen.

Aber manchmal denk ich mir: Wenn es für die eine oder andere genauso ist wie für mich?

Würde sie es zugeben? Was gibt es da überhaupt zuzugeben? Es ist halt so und Punkt. Aber es tut natürlich weh, weil es keine Umkehr gibt. Einmal Mutter, immer Mutter.

Würde sie es laut sagen?

Zu einer wie mir, die ja wahrscheinlich auch keine richtige Freundin ist, nur eine Zweckgemeinschaft.

Irgendwie ist das alles ziemlich verlogen.

Und es ist auch verlogen, wenn man es von der Perspektive einer glücklichen Mutter aus betrachtet, die alles nach den herrschenden Vorgaben richtig macht und doch verachtet wird von der Gesellschaft, weil sie selbst vermeintlich zu einem Kleinkind regrediert, indem sie ihr Baby spiegelt. Glückliche Mütter werden oft nicht für voll genommen. Man belächelt sie, weil sie sich mit so wenig zufriedengeben. Ihre Tätigkeiten sind nicht anspruchsvoll und bestehen häufig aus Saubermachen, duzi duzi dei und Fürsorge. Also genau jene Eigenschaften, die unserer modernen Gesellschaft in erschreckender Eile verloren gehen. Wir haben eine Armee von Freiwilligen namens Mütter und machen uns darüber lustig. Irgendwas stinkt hier gewaltig aus den Windeln. Mutter werden sollen die Frauen unbedingt, aber sie sollen es dann bitte schön nicht sein. Also nicht so aufdringlich und raumgreifend. Sondern sich schnell wieder in den Beruf eingliedern und trotzdem rund um die Uhr für ihr Kind da sein, das sie aber auch fördern nach den Maximen der Leistungsgesellschaft und gedeihen lassen, ganz wie es das Kind möchte, und in eine Krippe geben und zu Hause behalten. Es macht den Anschein, als bräuchten Mütter mindestens zwei Existenzen und zwei Kinder, um alle diese Erwartungen zu erfüllen. Wenn das überhaupt genügt. Aber Vorsicht. Ab drei Kindern wird es ja schon wieder asozial ... Eins ist zu wenig, zwei zeugt von sozialem Gewissen. Und was ist sie denn für eine Mutti? Ach, eine Öko, die trägt ihr Kind im Tuch, ach, eine Geld-Mutti, die fährt den Hightech-Kinderwagen. Mutti! Aber unsere Bundeskanzlerin wird ja auch so genannt und hat keine Kinder. Am besten, man wirft all diese Begriffe in den Windeleimer.

Schwanger im Kopf?

»Und?«, fragte meine Nachbarin. »Wo wirst du entbinden?«

Ich war nicht mal im dritten Monat und hatte mir darüber noch keine Gedanken gemacht.

»Bist du wahnsinnig?«, fragte sie mich.

Ich lachte, doch das Lachen verging mir schnell, als ich zum Telefon griff und in der Klinik anrief, die mir von mehreren Seiten empfohlen worden war.

»In welcher Woche sind Sie denn?«

»In der neunten.«

»Oh, das ist leider zu spät für uns. Wir nehmen nur bis zur achten Woche.«

»Hallo? Ich kriege mein Kind in sieben Monaten!«

»So ist es nun mal. Viel Glück woanders. Auf Wiederhören.«

Ich teilte Alexander mit, dass wir uns beeilen mussten, und in den nächsten drei Wochen besichtigten wir diverse Geburtshäuser und Kliniken, besuchten Informationsabende und klickten uns durchs Internet. Ich erkannte, dass das Internet eine Fundgrube für werdende Mütter ist, vor allem, wenn sie sich Sorgen machen wollen. Bei einem Infoabend warnte uns der Oberarzt einer Klinik »Wenn Sie sich verunsichern lassen wollen, lesen Sie möglichst viel im Internet.« Das beherzigte ich und sammelte dort keine Informationen mehr, auch später nicht, als Emma auf der Welt war. Es gibt gefühlte Millionen von Mamiblogs und Mutter-Kind-Seiten im Internet. Manchmal frage ich mich, ob ich so entspannt geblieben bin, weil ich hier nicht gesurft habe. Und ich las auch keine hundert Bücher, sondern nur zwei Stück zu Schwangerschaft und Geburt sowie später, als Emma älter war, einige Erziehungsratgeber, die mir meine Mutter ans Herz legte. Die Stadt München versendet an alle Eltern einen Infobrief, in dem passend zum Alter des Kindes anschaulich erklärt wird, welche Entwicklungsschritte als Nächstes anstehen, worauf man achten muss. Damit fühlte ich mich gut beraten. Das durfte ich aber nicht laut sagen, wie ich bald merkte. Denn diese Konzentration auf das Wesentliche wurde als unverantwortlich ausgelegt, wenn nicht sogar als fahrlässig. Wieso informierte ich mich nicht umfassend? Wollte ich nicht das Beste für mein Kind? Warum bereitete ich mich dann nicht auf alle Eventualitäten vor?

»Das kann ich doch machen, wenn sie eintreffen.«

»Dann ist es zu spät«, wurde mir beschieden.

Ich nickte und sagte »Ja, ja« und machte mir einen schönen Sommer mit meinem immer runder werdenden Bauch. Ich wusste ja, dass mir ein heißer Herbst bevorstand mit sehr vielen Terminen. Der dicke Bauch war überhaupt kein Problem für mich, aber hin und wieder bekam ich mit, dass andere Frauen sehr unter ihren Bäuchen litten und sich jetzt bereits damit beschäftigten, wie sie so schnell wie möglich wieder schlank werden würden. Wenn eine Frau großen Wert auf ihr Äußeres legt, vielleicht sehr sportlich ist … und dann geht der mühsam trainierte Traumbody auseinander … das ist nicht einfach. Und wenn sie deswegen schlecht drauf ist, ist sie bereits eine Rabenmutter, da ist ihr Kind noch gar nicht geboren. Niemals werde ich die essgestörte junge Frau vergessen, aus der es einmal herausbrach, dass sie sich so sehr ein Kind wünschte, aber dass sie es nicht ertrüge, dass eine Schwangerschaft ihren Körper zerstöre. Von ihr hörte ich auch zum ersten Mal den Begriff *After Baby Body*. Frauen wie Heidi Klum gelten hier als Vorbild: vier Kinder und spindeldürr, am besten schon drei Tage nach der Entbindung. Mutter und Model sind kein Gegensatz, sondern eine Frage der Disziplin. Die moderne Mutter ist zumindest in den Medien keine mollige Kuschelmami mehr, sondern superschlank und superattraktiv und supersexy und superlustig und superentspannt und supercool und supereinfühlsam und supersuper. Na super! Macht mal. Ohne mich. Ich würde meine Energie lieber in meinen Beruf stecken, da der Hormonflash, der mich in die Küche zur Marmeladenproduktion schleuderte, ausgeblieben war.

Ich war zuversichtlich, dass ich meinen Beruf und die Mutterschaft prima verbinden könnte, schließlich war ich freiberuflich tätig und konnte mir meine Zeit selbstbestimmt einteilen. Ich fühlte mich kein bisschen überfordert oder eingeschüchtert. Was sollte schon schiefgehen, wenn die kleine Emma erst einmal auf der Welt war. Ich war in Madagaskar im Dschungel fast verdurstet, auf dem Indischen Ozean wurde das Segelboot, mit dem ich unterwegs war, von Piraten gekapert, in Mali verlor ich bei einem Sandsturm die Orientierung, und die Lebensmittelvergiftung in Turkmenistan hatte ich auch nur knapp überlebt. Was also sollte mir passieren?

Nun, es passierte mir zum Beispiel, dass mir wildfremde Frauen die Hand auf den Bauch legten oder mich fragten, wie viel ich schon zugenommen hätte, wann es so weit sei, ob ich wüsste, ob es ein Junge oder Mädchen würde, wo und wie ich entbinden würde. Das wusste ich ja selbst noch nicht mal, ich hatte es nur noch auf die Wartelisten von zwei Kliniken und einem Geburtshaus geschafft. Wildfremde Menschen tadelten mich nun auch. »Sie in Ihrem Zustand«, so begannen sie meistens, »sollten doch nicht mehr …« Ich sollte nicht Radfahren, keine Tasche tragen, ich sollte am besten nur herumliegen. Einmal meinte eine Frau im Bus: »Für den fünften Monat sind Sie ganz schön dick.«

Sobald sich ein Gespräch entwickelte, geriet ich in Zugzwang. Warum ich mich nicht früher um einen Entbindungsplatz gekümmert hätte, warum ich keine Hausgeburt plante – und dann bekam ich noch Hunderte von Ratschlägen, um die ich nicht gebeten hatte. Was ich essen, wie ich mich verhalten sollte, dass die Klinik, in der ich auf der Warteliste stand, nicht gut sei, warum ich bei Tengelmann und nicht im Bioladen einkaufte. Und so weiter, und so weiter.

»Ja, ja«, sagte ich irgendwann nur noch.

Aber manchmal verunsicherten mich die Ratschläge auch. Warum, verdammt noch mal, glaubte jeder, er dürfte mir einen Tipp geben, in bester Absicht natürlich. Wies ich einen Ratschlag zurück, war ich zickig – wahrscheinlich die Hormone. Ich konnte mich benehmen, wie ich wollte, ich war nicht mehr Frau meiner Sinne, es waren die Hormone, die die Regentschaft übernommen hatten, auch wenn ich kein einziges Mal Essiggurken aß. Die Hormone sind überhaupt das Problem bei der Mutterschaft. Sobald die Frau schwanger ist, wird sie vielerorts als hormongesteuertes Wesen wahrgenommen. Ich erinnerte mich an eine ehemalige Arbeitskollegin bei MTV, die ich auch so behandelt hatte, als sie schwanger wurde. Von heute auf morgen war sie keine Kollegin mehr, die ihren Job gut machte, alle fragten sie ständig, wie sie sich fühle, sie bekam nur noch Deppenaufgaben, und niemand nahm sie mehr ernst, wobei wir uns ach wie toll fühlten, weil wir so viel Rücksicht nahmen. Meistens sprechen nicht die schwangeren Frauen über ihre Schwangerschaft, sondern die Umgebung drängt ihnen diese Gespräche auf. Sehr oft wird über den Kopf von schwangeren Frauen hinweg entschieden, denn sie scheinen ja keinen mehr zu haben, nur noch einen Bauch. Und genau so werden sie behandelt. Mütter sind halt ein bisschen dämlich. Unter dem Gesichtspunkt betrachtet, was sie allzu oft mit sich machen lassen, stimmt das leider. Aber wahrscheinlich sind wir auch alle nur viel zu fertig vom täglichen Überlebenskampf, um auf die Barrikaden zu gehen. Ich würde den Aufstand am liebsten nicht meiner Tochter aufbürden, sondern jetzt schon für ihre bessere Zukunft kämpfen – wenn ich ein bisschen mehr Zeit dafür hätte. Aber wir Betroffenen haben keine Zeit. Es wäre also besser, die Menschen ohne Kinder würden diese Auseinandersetzung für uns führen. Sie würden dann vielleicht eine bessere Steuerklasse kriegen oder einen Bonus, und wir alle miteinander würden uns besser verstehen. Wir haben die Kinder, ihr helft uns dabei, sie in einer menschenfreundlichen Welt großzuziehen. Und sobald Eltern Kinder haben, arbeiten beide dreißig Stunden die Woche. Das ist gesetzlich so vorgeschrieben. Wer Überstunden macht, erhält Smartphoneverbot.

Mütter müssen leider draußen bleiben

Im Juli meiner Schwangerschaft wunderte ich mich, warum das Isarpaddeln, auf das ich mich das ganze Jahr freute, nicht stattfand. Mit dem Schlauchboot ab Wolfratshausen in der Loisach, dann weiter in der reißenden Isar bis nach Thalkirchen in München – Stromschnellen, wildes Wasser, wunderbar! Dieser Event war noch nie ausgefallen. Vielleicht war Marco, der Initiator, der uns dreißig Leute Jahr für Jahr zusammenbrachte, krank? Ich rief ihn an.

»Nein, nein«, sagte er auf meine Nachfrage, »es findet natürlich statt. Die Einladungen gingen letzte Woche raus.«

»Ich habe keine bekommen.«

»Ich habe dich auch nicht eingeladen.«

»Äh, warum?«, fragte ich, während ich hektisch überlegte, was ich mir zuschulden hatte kommen lassen.

»Du bist doch schwanger«, sagte Marco.

»Ja und?«

»Na, da geht das doch nicht«, sagte er. »Deshalb habe ich dich nicht eingeladen. Wär ja ein Schmarrn, wo du sowieso nicht kannst.«

»Und ob ich kann!«, rief ich. Genau genommen hatte ich mir darüber noch gar keine Gedanken gemacht, aber allein dass Marco dies bezweifelte, machte es möglich für mich. Ich mag es nicht, wenn über meinen Kopf, sprich Bauch entschieden wird.

Marco zögerte. »Ich weiß nicht.«

»Aber ich!«, rief ich.

Am Abend sagte ich zu Alexander, wie froh ich wäre, wenn Emma endlich auf der Welt war »Damit das alles aufhört und ich endlich wie ein ganz normaler Mensch behandelt werde.« Ich hatte ja keine Ahnung, dass ich darauf noch viel länger würde warten müssen. Genau genommen warte ich bis heute.

Das Isarpaddeln, Marco hatte recht, war keine gute Idee. Danach war ich fix und fertig. Aber es gab mir immerhin das Gefühl, dass ich selbst so entschieden hatte. Das klappte leider nicht immer ...

Haben Sie denn keinen Mann?

»Ich nehme an, Sie wollen Ihren Vortrag *Mongolei – Unterwegs mit den Nomaden* im November stornieren«, fragte ein Veranstalter aus dem Rheinland am Telefon.

»Aber nein! Warum?«, rief ich erschrocken. Es waren schon über achthundert Tickets verkauft, es gab nur noch wenige Plätze.

»Weil ich Sie in der Zeitung gesehen habe«, sagte der Mann. »Ihr neues Buch wurde angekündigt. Da habe ich gelesen, dass Sie schwanger sind. Das ist natürlich ein Problem für uns. Wie sollen wir das abwickeln?«

»Es gibt kein Problem«, sagte ich. »Selbstverständlich werde ich die Veranstaltung durchführen.«

»Wenn Sie meinen.«

»Ja, das meine ich.«

»Also verlasse ich mich darauf?«

»Das können Sie«, sagte ich und rief nach diesem Telefonat einige andere Veranstalter an, einfach mal so, um die Lage zu checken. Sie wussten nichts von, ja von was, von meinem ... Handicap? Ich war unsicher, ob ich es melden musste. Ich unterschlug es und sorgte dann vor Ort für Staunen. Die ersten meiner rund zwanzig Termine wuppte ich noch ganz locker, doch ab November wurde es gelegentlich ein wenig beschwerlich für mich. Die zum Teil langen Autofahrten, das Schleppen meines Equipments – Leinwand und Tonanlage mit Verstärker und zwei Boxen, Mischpult, Beamer, Laptop, Büchertisch –, das Vorbereiten der Bühne, das Herumkriechen und Kabelverlegen. Bis auf das Tragen der schweren Boxen machte ich meistens alles selbst. Die Abläufe waren routiniert, ich hatte das Hunderte von Malen absolviert und legte öfter Pausen ein. Einige Male begleitete

Alexander mich, das war natürlich sehr angenehm. In meinem Metier tummeln sich fast nur Männer, und wenn sie Kinder haben, reisen die Frauen mit und kümmern sich. Oder die Frauen kümmern sich auch um den ganzen Rest. Wie das halt früher so war, als man seinen Partner noch nicht nach romantischen Idealen aussuchte, beziehungsweise auserwählt oder vom Vater vergeben wurde. In früheren Jahrhunderten heiratete man eher selten aus Liebe, mehr aus rationalen Überlegungen. Auf gemeinsame Freizeitgestaltung wurde wenig Wert gelegt, die Freizeit war noch gar nicht erfunden, und somit gab es auch noch keinen Freizeitstress. Je nach Stand des Mannes, der um die Hand einer Frau anhielt, sah das zukünftige Leben dieser Frau aus. War er Arzt, würde sie dafür sorgen, dass seine Kittel frisch gestärkt waren und ihm zuhören, wenn er von Furunkeln und Frakturen sprach beziehungsweise bei Operationen assistieren, war er Schausteller, würde sie mit ihm durch die Lande reisen, war er Einzelhändler, würde sie im Laden mithelfen, war er Missionar, würde sie mit ihm nach Afrika gehen und den Einwohnern lesen und schreiben beibringen, das alles natürlich immer zusätzlich zu ihren Pflichten als Ehefrau und Mutter, ach wie spannend war das Leben, wenn eine noch nicht wusste, was aus ihr werden würde. Also genauso wie heute, sobald du ein Kind hast. Da weißt du auch nicht, wo du enden wirst.

Obwohl die Umstände ein wenig beschwerlich waren, liefen die Vorträge reibungslos wie immer. Ich liebte diese letzten Veranstaltungen vor der Geburt, sie kamen mir ganz besonders vor, und ich fand es witzig, mit meiner Kugel auf der Bühne zu stehen. Nun wollten die Zuschauer am Ende des Vortrags nicht nur weitere Informationen zum Leben in der

Mongolei, sie fragten mich auch persönliche Dinge, zum Beispiel, ob ich, wenn das Baby auf der Welt wäre, weiterhin Vorträge halten würde. Sobald eine Frau schwanger ist, fällt die Grenze, und man darf sie alles fragen. Aber ich antwortete gern.

»Natürlich. Ich werde allerdings wohl die Anzahl der Vorträge ein wenig reduzieren«, erklärte ich.

»Und wie ist es mit dem Reisen?«, wurde ich oft gefragt. »Bleiben Sie jetzt dann zu Hause?«

»Das glaube ich kaum«, lachte ich. »In der ersten Zeit werde ich wohl nicht so viel reisen. Aber aufhören wird das nie bei mir. Ich trage ja ein Nomadengen in mir.«

Einmal meinte ein älterer Herr: »Na, wenn Sie sich da mal nicht täuschen.«

Eine jüngere Frau lachte ihn aus. »Die Zeiten haben sich geändert!«, rief sie ihm zu.

Das dachte ich damals auch noch.

Überall gab es helfende Hände, die mich auch beim Abbau meines Equipments und beim Einladen unterstützten – ich war sehr zuversichtlich bezüglich meiner Zukunft. Hin und wieder fragte mich jemand »Wo ist denn Ihr Mann?«

»Er arbeitet.«

»Aber dass er Sie so alleine lässt!«, sagten manche, und ich merkte, dass sie eher meinten, warum ich in meinem Zustand noch so umtriebig war. Aber ich hatte mich ja lang und geruhsam auf diese Zeit vorbereitet, und außerdem hatte ich noch Zeit. »Emmas Termin« war der 3. Januar 2013.

»Lass das Kind doch per Kaiserschnitt holen«, riet mir eine Bekannte. »Ich habe das bei meinen beiden so gemacht. Eine Geburt kann ja jederzeit losgehen. Stell dir vor, du stehst auf der Bühne und die Fruchtblase platzt.«

Ich platzte laut heraus. Die Vorstellung war zu komisch, ich überlegte mir sogar, welches meiner Fotos dazu passen würde.

»Nur dann hast du Planungssicherheit«, meinte meine Bekannte und empfahl mir außerdem Abstilltabletten. »So lange du stillst, bist du unfrei.«

»Also, ich wollte jetzt eigentlich kein Kind, um nichts davon mitzukriegen«, sagte ich.

»Das wollte ich auch nicht«, sagte sie. »Aber es ging damals nicht anders, weil ich meine Firma gerade aufgebaut hatte, und auf Kinder wollte ich nicht verzichten. Leider habe ich wirklich nicht allzu viel von ihnen mitgekriegt in den ersten Jahren.«

»Und wer hat sich dann gekümmert?«

»Mein Mann, die Tagesmutter, meine Eltern, meine Schwiegereltern, Babysitter, Bekannte – das Übliche.«

»Aha«, nickte ich. Das Übliche. Eltern und Schwiegereltern fielen bei mir aus, zu weit weg. Tagesmutter und Babysitter kosteten bestimmt eine Menge Geld. Und die Bekannten ... die musste ich erst mal auftreiben. Am besten im Geburtsvorbereitungskurs. Wir saßen doch alle in einem Boot, sprich Becken.

Mütterkriege

Ich hatte verschiedene Geburtsvorbereitungskurse gegoogelt und mich für einen entschieden, der nicht sechs Wochen nach Ausbleiben der Regel, sondern sechs Wochen vor der Geburt startete. Sonst würde ich die wichtigen Tipps womöglich wieder vergessen. Den ersten Termin verpasste ich wegen einer Lesung, denn im Herbst war mein Buch *Heimatroulette* erschienen, in dem ich mein Leben erzählte und von meinen Reisen durch hundertsechzig Länder berichtete. Mittlerweile hatte ich noch zwanzig mehr im Gepäck. Zum zweiten Termin erschien ich überpünktlich und konnte das Eintreffen der Frauen beobachten und mich schon einmal ein bisschen mit ihnen unterhalten. Alle außer mir waren im Mutterschutz. Das hätte ich trotz meiner Selbstständigkeit ebenfalls beantragen können, doch wer hätte dann meine Vorträge gehalten? Bei den anderen Teilnehmerinnen stieß mein berufliches Engagement auf wenig Verständnis, eine nannte mich sogar verantwortungslos. »Wie kannst du das deinem Baby antun?«, fragte sie mich. Nur mal so im Spaß sagte ich: »Mein Baby tut mir auch eine Menge an«, wobei das eine glatte Lüge war, denn meine Schwangerschaft verlief noch immer völlig unproblematisch. Aber jetzt war ich natürlich unten durch. Ich merkte, dass wir aus verschiedenen Welten stammten. In meiner Welt bekamen Frauen während der Feldarbeit ein Kind, sie nabelten es ab, wickelten es in ein meistens nicht steriles Tuch, tranken einen Schluck Wasser – wenn sie Glück hatten, sauberes –, legten das Kind in eine Kuhle und harkten weiter. Das habe ich mit eigenen Augen gesehen. Da würde ich ja wohl mit dem Auto, nicht zu Fuß, in eine andere Stadt fahren und einen Vortrag halten können, vor der Geburt, nicht währenddessen.

»Hast du keinen Mann?«, wurde ich auch im Geburtsvorbereitungskurs gefragt.

»Doch.«

»Warum arbeitest du dann noch?«

Ich kam mir vor wie im falschen Film. »Weil es mir Spaß macht.«

Eine schaute mich an, als wäre ich völlig verrückt. Ich vermutete, dass sie sich gar nicht vorstellen konnte, einen Job zu mögen. Klar wäre ich in einer solchen Situation auch froh, wenn endlich der Mutterschutz begänne. Es ist nun mal eine völlig andere Ausgangslage, ob man seinen Job liebt oder hasst oder er eben eine austauschbare Tätigkeit ist, mit der man lediglich Geld verdient, keine Freude oder Anerkennung erntet. Nicht umsonst heißt es ja auch, dass Frauen häufig Kinder kriegen, wenn eine berufliche Neuorientierung fällig wäre. Eine Schwangerschaft ist dann auch eine Antwort, fragt sich halt bloß, für wie lange.

Ich war ein bisschen erschrocken darüber, dass sich jetzt schon, wo unsere Kinder noch nicht mal geboren waren, jene Gräben auftaten, von denen ich gehört hatte. Die Rund-um-die-Uhr-Mütter gegen die berufstätigen Mütter, die Teilzeit- gegen die Vollzeitmütter, die verheirateten gegen die geschiedenen und gegen die alleinerziehenden, die reichen gegen die armen, die Mehrfachkind- gegen die Einzelkindmütter, die Bio- gegen die Discountermütter, die Waldkindergarten- gegen die Tagesschulmütter und so weiter und so fort. Ich fand es regelrecht verrückt, dass man in bestimmten Mütterkreisen als Feindin galt, wenn man nicht konform mit der dort herrschenden Ideologie ging. Dieses gnadenlose Verhalten offenbart eine große Unsicherheit. Alle wollen im Grunde dasselbe: glückliche Kinder. Und alle sind unsicher, ob ihr Weg der richtige ist. Deshalb wird er bis aufs Blut verteidigt. Aber macht ihn das richtiger?

Was gerade richtig ist, wird nach Bedarf verändert. Wenn Frauen auf dem Arbeitsmarkt fehlen, ist es angeblich besser für Kinder, wenn sie in Institutionen gefördert werden. Ist die Arbeitslosigkeit hoch, ist es besser für Kinder, wenn ihre

Mütter zu Hause bleiben. Es gibt stets eine Vielzahl von Untersuchungen, die das eine oder eben das andere belegen. Ich machte mir da nichts vor, sondern versuchte, mit gesundem Menschenverstand meinen Weg durch den Dschungel zu finden. Und ich bedaure es, dass Kinder nicht mehr einfach so auf die Welt kommen, sondern geplant werden müssen wie die Fusion zweier Imperien: Mama und Papa. Schon während der Schwangerschaft hatte ich hin und wieder ein schlechtes Gewissen, allein aus dem Grund, weil ich keines hatte. Ich hatte nämlich nicht klassischer Musik gelauscht, um meinem Kind ab dem fünften Monat im Mutterleib eine optimale Entwicklung zuteil werden zu lassen, oder Sprossen gegessen, um seine Intelligenz zu fördern und so weiter, und so weiter. Und das alles war nie, nie, nie wiedergutzumachen. Ich war eine Rabenmutter allein durch Unterlassung.

Für den Geburtsvorbereitungskurs ohne männlichen Partner hatte ich mich entschieden, weil er terminlich am besten passte. Aber nach fünf Minuten wollte ich nur noch eins: raus. Dabei hatte ich gerade mal die entsetzliche Vorstellungsrunde absolviert, in der die Leiterin der Gruppe einen grünen Gummiball zu jeweils einer Frau gerollt hatte, die sich daraufsetzen, sich vorstellen und den Ball danach weiterrollen sollte. Manche hüpften rum wie kleine Kinder, während sie mit hohen Stimmen erzählten, was sie so machten und was sie sich so wünschten und so. Ich fragte mich, ob wir jetzt alle schrumpfen und verblöden mussten. Nein, wir hatten uns lieb. *Ich bin die Claudia und ein bisschen aufgeregt, weil das alles noch so neu für mich ist, und ich hab auch total Angst vor der Geburt, deshalb bin ich da, und ich hoffe, dass es mir dann besser geht, wenn ich weiß, was ich dann so machen muss und so.*

Meinte die das wirklich so? Treuherzig setzte sie sich auf ihre Matte. Ja, die meinte das so. Und auch ihre Nachfolgerinnen sprachen in diesem seltsamen Wir-haben-uns-alle-lieb-Slang. Hätte ich ein Messer in meiner Jogginghose gehabt, es wäre aufgesprungen, ganz ohne mein Zutun. Der Ball rollte zu mir. Ich hatte Lust, ihn aus dem Fenster zu kicken. Gern auch durch die Scheibe. Ich wollte nicht lieb gehabt werden. Ich war hier, um eine Atemtechnik zu lernen, mit der ich die Geburt meines Kindes für uns beide leichter machen konnte. »Ich heiße Sarah und mein errechneter Geburtstermin ist der dritte Januar.«

»Und sonst so?«, fragte eine.

»Wie und sonst?«, fragte ich.

»Ja, was beschäftigt dich am meisten?«, fragte die Leiterin.

Wie ich das hier am besten hinter mich bringe, dachte ich und sagte: »Ich bin für alles offen.«

Es wurde dann sehr lange und ausführlich darüber gesprochen, was bei einer Geburt alles schiefgehen konnte und wie lang Geburten dauern konnten, dass manche Dammrisse jahrelang Schmerzen bereiteten und ob man eine Versagerin wäre, wenn sich unter der Geburt herausstellte, dass ein Kaiserschnitt nötig wäre.

»Können wir dann mal anfangen?«, fragte ich. Böse Blicke trafen mich. Ich nahm sie auf mich. Ich hätte es nicht für möglich gehalten, dass es in einem solchen Kurs genauso zuging wie in seinen Persiflagen, die man manchmal in Filmkomödien sieht. Aber vielleicht hatte ich auch einfach nur Pech gehabt. Jedenfalls wollte ich nach dem ersten Termin nie wieder hin. Ich hatte wenig gelernt und war im Anschluss drei Tage schlecht gelaunt. Ich fragte eine erfahrene Freundin,

Mutter von drei Kindern: »Maggie, ist so ein Kurs wichtig? Muss ich da noch mal hin?«

»Unbedingt«, sagte sie. »Es wird dir helfen.«

Von den folgenden Terminen konnte ich nur zwei wahrnehmen, doch allein diese waren unter der Geburt ein Segen für mich, und ich bin sehr froh, dass ich dabeigeblieben bin. Aber wieso wurden wir behandelt wie Kinder? Wieso gab es keinen Geburtsvorbereitungskurs für erwachsene Frauen? Oder wurde man irgendwie zum Kind, wenn man ein Kind kriegte? In diesem Kurs fiel mir zum ersten Mal auf, dass Frauen dazu neigen, ihre Zeit mit seltsamen Dingen zu verbringen, die ihnen nicht unbedingt guttun. Wenn man viel Zeit hat, kann man sich auch viele Sorgen machen. Wenn ich den ganzen Tag Zeit hätte und mich womöglich langweilen würde, würde ich vielleicht auch damit anfangen, aufwendig zu kochen, mit vegan und vegetarisch zu experimentieren. Nein, würde ich nicht. Tischuntersetzer zu basteln. Nein, würde ich nicht. Eierwärmer zu häkeln. Nein, nein, nein. Und ich würde hoffentlich auch nicht in meiner Vergangenheit herumstochern und mich mit Neurosen beschäftigen, die ich eventuell auf mein Kind übertragen könnte. Und darüber nachsinnen, welche Geister, also schamanisch betrachtet, aus meiner Ahnenschar sich der Seele meines ungeborenen Kindes bemächtigen könnten. Und ob mein Mann ein Verhältnis mit seiner Friseurin hat.

Emmas Arrival

Ich habe gegrillte Heuschrecken und ein Schafauge gegessen. Letzteres sah mich dabei an. In Vietnam zogen Sandflöhe unter meine Haut und gingen wochenlang nicht weg, sodass ich mich blutig kratzte. Auf einem Rückflug von Kasachstan fürchtete die Crew um mein Leben, und es wurde ein Sanka bestellt, der mich auf dem Rollfeld abholen sollte. Ich lag auch schon einmal in einem afrikanischen Krankenhaus auf der Intensivstation. Da würde ich ja wohl eine Geburt schaffen. Mir war klar, dass es krass werden würde. Und ich stellte es mir noch ein bisschen krasser vor. Ich stelle mir immer alles am allerschlimmsten vor und bin dann meistens angenehm überrascht, wie easy alles läuft. Noch nie in meinem Leben wurden meine schlimmsten Erwartungen übertroffen.

Unter den Wehen bereute ich meinen Kinderwunsch zum ersten Mal, beziehungsweise warf Alexander in wenig höflicher Weise vor, an meinem Leid schuld zu sein. Im Großen und Ganzen war die Geburt aber kein Drama, nach sieben Stunden war alles vorbei und richtig schlimm war es nur zirka sechzig Minuten. Ebenfalls schlimm war für mich, dass ich eine sehr wichtige Fernsehaufzeichnung versäumte. Denn meine kleine Emma war ungeduldig. Fünf Wochen vor dem errechneten Geburtstermin war ich bei einer der letzten

Kontrolluntersuchungen bei meiner Frauenärztin. Sie fand meinen Blutdruck zu hoch und schickte mich in die benachbarte Frauenklinik, um eine Schwangerschaftsvergiftung, die wohl häufiger vorkommt, auszuschließen. Ich konnte mir nicht vorstellen, dass jetzt, wo ich es ohne Komplikationen bis hierher geschafft hatte, noch ein Problem auftreten sollte. In der Klinik wurde keine Gestose festgestellt, allerdings bat man mich wegen des hohen Blutdrucks, eine Nacht zur Beobachtung zu bleiben.

»Okay«, sagte ich zögernd. »Aber morgen ganz früh muss ich zum Zug nach Berlin.«

»Sie müssen morgen früh überhaupt nirgends hin«, widersprach eine Ärztin.

»Aber das geht nicht!«, rief ich erschrocken. Der Termin in Berlin war sehr wichtig für mich. Ich hatte ihn extra fünf Wochen vor den Geburtstermin gelegt und erinnerte mich gut daran, wie die Redakteurin des Fernsehsenders mich gefragt hatte: »Frau Fischer, sind Sie wirklich sicher? Wollen wir das Gespräch nicht lieber aufzeichnen, wenn Sie Ihr Kind zur Welt gebracht haben?«

»Nein, nein«, hatte ich erwidert. »Es klappt ganz bestimmt.«

Ich bin ziemlich zuverlässig und halte meine Termine in der Regel ein. Doch nun musste ich lernen, dass ich nicht mehr allein für meine Termine zuständig war. Es war die erste Lehrstunde, die mir meine kleine Emma erteilte. In Zukunft übernahm sie unsere Terminplanung. Und damit fing sie in der Klinik an, als nämlich am nächsten Morgen die Fruchtblase platzte, statt dass ich in den Zug stieg. Zwei Stunden vor Emmas Arrival klingelte mein Handy. Eine Veranstalterin aus Bayern wollte mich buchen.

»Ja«, hechelte ich.

»Frau Fischer, ist es gerade ungünstig? Soll ich später noch mal anrufen?«

»Ich kriege gerade ein Kind«, sagte ich die Wahrheit.

»Scherzen Sie?«

»Nein.«

»Um Gottes willen!«

»Alles gut«, keuchte ich. »Kann ich Sie morgen zurückrufen?«

»Nein!«, schrie die Frau erschrocken, verbesserte sich. »Ich meine ja, aber nicht morgen. Irgendwann. Bitte. Danke. Alles Gute.« Und weg war sie.

Als ich sie am nächsten Tag zurückrief, war sie schockiert, weil ich mich so schnell meldete. Ich glaube, sie hielt mich für völlig verrückt. Vielleicht hielt sie mich aber auch für kaltherzig. Das ist schon komisch, oder? Denn eigentlich hatte ich ja nur deutsche Tugenden gezeigt, diszipliniert bis zur vorletzten Wehe. Aber das kommt dann doch nicht so gut an, der Mutterkodex hat seine eigenen Regeln. Einige Wochen darauf lernten wir uns persönlich kennen und die Veranstalterin erzählte mir, dass sie dieses Telefonat noch lange beschäftigt hatte, auch weil ihr ein Buch von Pearl S. Buck eingefallen war, für das der Autorin der Literaturnobelpreis zuerkannt wurde. »In dem Buch ist es völlig normal, dass Frauen der Landbevölkerung während der Arbeit Kinder bekommen und dann weiterarbeiten.«

»Ja, ich weiß«, sagte ich, obwohl ich das Buch nicht gelesen hatte. Wie gut hatte ich es nach der Geburt! Ich lag in einem weichen Bett und durfte mich ausruhen.

Das mit dem Ausruhen ist natürlich gelogen. Nach drei Stunden Schlaf weckte mich morgens um sechs eine Säuglingsschwester und drückte mir Emma in den Arm. »Hier haben Sie Ihre Kleine.«

»Ich bin müde«, murmelte ich in der festen Überzeugung, mir stünden noch viele Stunden Schlaf bevor – und auch zu. Ich hatte schließlich was geleistet.

»Ihr kleines Mädchen hat Hunger«, blieb die Säuglingsschwester hart.

Aus der Traum.

Sarahs Departure – meine Geburt als Mutter

Ich hatte mich auf rudimentäre hygienische Bedingungen in den ersten Wochen mit dem Säugling eingestellt und staunte nun, dass ich zu mehr als einer Katzenwäsche kam, obwohl mich einige erfahrene Mütter augenzwinkernd darauf vorbereitet hatten, ich würde als frischgebackene Mutter wenig Zeit zum Duschen haben: Da läufst du um 3 Uhr nachmittags noch im Morgenmantel rum. Nein, so war es bei mir nicht. Davon abgesehen, besaß ich gar keinen Morgenmantel. Die kleine Emma schlief stundenlang, und ich hatte so viel Zeit zur Körperpflege, dass ich einen Waschzwang hätte kultivieren können. Wobei mir das Gegenteil auch nichts ausgemacht hätte. Man muss nicht täglich duschen. Man muss das Baby auch nicht täglich baden. Die längste Zeit, die ich nicht geduscht und keine Haare gewaschen hatte, betrug drei Monate. Habe ich eine Waschphobie? Nein, ich hänge an meinem Leben, und es wäre höchst gefährlich, sich bei 50 Grad minus im Freien die Haare zu waschen. Da hat man andere Sorgen als eine Dreiwetterfrisur. Man ist rund um die Uhr damit beschäftigt, sich warm zu halten, nicht nass zu werden und etwas, wenn möglich, Warmes zu essen zu bekommen.

Ich bin drei Monate mit Nomaden durch die Mongolei gezogen, weil ich dieses wunderbare Land auch von seiner härtesten Seite kennenlernen wollte. In der Mongolei währt der

Sommer nur von Juni bis August mit zirka 25 Grad Durchschnittstemperatur. Die Mongolei liegt fast auf demselben Breitengrad wie München. Als ich das einmal herausfand, war ich begeistert. Meine beiden gefühlten Heimaten auf einer Linie – allerdings mit einem gewaltigen Temperaturunterschied: In der Wüste Gobi kann das Thermometer bis zu 45 Grad plus steigen. Im Sommer haben die Mongolen sehr viel Arbeit, weil sie ihre Existenz für den Winter sichern müssen. Das Vieh soll sich eine dicke Fettschicht anfressen. Am Wohlergehen der Tiere hängt das Wohlergehen der Menschen – und das ist den Mongolen sehr bewusst. Mongolen ernähren sich fast ausschließlich von Fleisch. Nur im Sommer gibt es die sogenannten weißen Speisen: Quark, Joghurt, Milch, Yakcreme – eine Art Crème fraîche. Getrockneter Quark, Aaruul, wird meist als Reserve für den Winter gelagert. Nudeln und Reis sind Luxusgüter, aus Russland oder China importiert.

Da der Winter von September bis Mai dauert, wird der Viehbestand immer dünner, und bis Februar, März sind die meisten Tiere so geschwächt, dass sie wie die Fliegen wegsterben. Verenden die Herden, ist das Leben der Menschen aufs Äußerste bedroht.

Meine mongolischen Freunde und Freundinnen begrüße ich folgendermaßen: *Mal taragana oo, Mend saichan bainau?:* »Ich hoffe, euer Viehbestand ist in gutem gesundheitlichen Zustand und euch geht es auch gut.«

Ohne Tiere keine Menschen. So einfach kann es sein. Und so hart.

Im Winter können die Temperaturen bis zu 50 Grad minus erreichen, die Kälte ist sehr trocken, viele Menschen laufen mit einem Tuch vor dem Mund herum. Der Himmel ist häufig klar und sehr blau. Eine Schneedecke liegt nur selten über dem Land, was die Fortbewegung erleichtert. Die extreme Kälte war mir egal. Ich wollte auf meinen Reisen mit den Nomaden mongolische Winterimpressionen fotografieren, für meine Vorträge. Zu Fuß über den kleinen Bruder des Baikalsees, den Khuvsgulsee. Nomaden beim Eisfischen, Pferdeschlitten auf gefrorenen Flüssen mit den dampfenden Tierleibern. Herrliche Winterfotos, aus denen die Kälte knackt, wenn die Eiskristalle in der Luft funkeln. Das alles wärmte mein Herz. Meine selbst gewählte Aufgabe, mein Job, meine Berufung machte es mir relativ einfach, die extreme Kälte und viele andere Entbehrungen zu ertragen. In mir brannte ein Feuer der Begeisterung, das sich Tag für Tag nährte mit den tollen Motiven, die ich fotografierte. Und nachts brannten zusätzlich Feuer, denn ich schlief mit meinen mongolischen Freunden zwischen zwei Feuern. Im Zelt schlafen ist unmöglich, man würde erfrieren oder eben ersticken, wenn man dort Feuer machte, oder sich mindestens Verbrennungen zuziehen, was im Übrigen häufig vorkommt: Unfälle mit Gaskochern sind leider keine Seltenheit. Draußen war es sicherer. Ich liebte es. Und verfluchte es. Und war auch stolz auf mich, weil ich das aushielt. Ich wurde reich belohnt durch elementare Begegnungen mit unberührter Natur. Auch Kinder waren auf dieser Reise tageweise mit dabei, wohin sollten sie sonst auch? In eine geheizte Kita? So was gibt es bei den Nomaden nicht. Man kuschelt sich eng aneinander und wärmt sich gegenseitig. Ich will nichts beschönigen: Das Körpergefühl nach so vielen Tagen und Wochen, ja Monaten ohne Dusche ist ziemlich scheußlich. Aber es gibt ja keine Alternative, wie gesagt: Eine Dusche im Freien kann im Extremfall den Tod bedeuten. Immerhin das Gesicht reibt man sich mit Schnee ab – wenn man geweckt wird, weil die eigene Wache beginnt. Einer muss immer Wache halten, damit das Feuer nicht ausgeht, und auch wegen der Wölfe und anderer wilder Tiere. Die erste Dusche nach drei Monaten ist dann ein unvergessliches Erlebnis!

Die Mongolen sind eines der saubersten Völker, die ich jemals traf. Nirgendwo ist mir ein schlecht riechender Mongole begegnet. Überall gibt es Flüsse und Seen, die ja nicht das ganze Jahr über zugefroren sind, und in der Jurte erhitzt man das Wasser für ein Bad. Und so steht dann plötzlich ein Mongole im weißen gestärkten Hemd irgendwo in der Steppe neben seinen Kamelen, und die Touristengruppe, die winkend vorbeizieht, wirkt im Vergleich ein wenig schmuddelig.

Ich wäre bereit gewesen für so etwas wie einen mongolischen Winter mit meiner kleinen Emma in unserer Zweizimmerwohnung, doch der traf nicht ein. Vom ersten Tag an war Emma ein fast schon beunruhigend unkompliziertes Kind. Nichts von dem, worauf mich andere Mütter vorbereitet hatten, geschah. Kaum Schreien, selten Weinen, fast nie Koliken, sogar ihre Zähne bekam sie später ohne nennenswerte Unpässlichkeiten, und sie schlief von Anfang an nachts durch. Siehst du, sagte ich zu mir selbst, deine Strategie ist mal wieder aufgegangen. Du hast das Schlimmste erwartet, und dann kam es nicht mal halb so schlimm, sondern gar nicht schlimm. Mit großer Betroffenheit hörte ich die Geschichten manch anderer Mütter, denen der Stress ins Gesicht geschrieben stand, blass und übernächtigt, und bei einigen von ihnen reichte das Zahnfleisch schon bis zu den Knien. Bald würden sie darauftreten, während ihre Kleinen zahnten.

Abwehrkräfte

Ich selbst bin nicht gestillt worden, das wäre ja nicht möglich gewesen, und wollte Emma gerade deshalb unbedingt stillen. Muttermilch ist nun mal das Beste für einen Säugling. Meine Milch strömte reichlich, und Emma trank ohne Probleme. Ich genoss es sehr, dem Wuzerl beim Trinken zuzusehen. Die flaumigen Härchen, das kleine Gesichtchen, ihr hingebungsvolles Schmatzen. Die winzigen Händchen, die sich öffneten und schlossen. Ich versuchte, einfach nur da zu sein, diese Augenblicke so ausschließlich wie möglich in Verbundenheit mit Emma zu erleben, doch oft klingelte gerade beim Stillen das Telefon. Emma ließ sich davon nicht beeindrucken, manchmal hielt sie sich an mir fest, grunzte zufrieden, während ich eine Verabredung traf, und später schaute sie mich auch an mit diesem unbeschreiblichen Babyblick, der alles zu wissen scheint und nichts verrät. Das waren sehr tiefe und innige Momente. Das ist dein Fleisch und Blut, das deine Milch trinkt, sagte ich so manches Mal zu mir und konnte dieses Wunder nicht begreifen. In ihren ersten Wochen hatte Emma leuchtend blaue Mandelaugen. Erst im achten oder neunten Monat färbten sie sich braun, und so sind sie geblieben.

Ich nahm mir vor, ein Jahr lang zu stillen, denn Muttermilch ist sozusagen eine kostenlose Brotzeit, immer verfügbar, die noch dazu das Immunsystem stärkt und vor Allergien schützt. In Deutschland wird durchschnittlich ein halbes Jahr gestillt, weltweit werden Kinder durchschnittlich vier Jahre gestillt, las ich im Internet. Die Empfehlung der Nationalen Stillkommission – Sachen gibt's! – lautet, dass ein Baby bis zu sechs Monate ausschließlich mit Muttermilch ernährt werden sollte. Es begegneten mir einige Frauen, die früher abstillten oder erst gar nicht stillen wollten, weil man danach mit einem Hängebusen rechnen muss oder weil es sich aus anderen Gründen nicht einrichten ließ. Eine Stillmahlzeit dauert zwar nicht so lange, aber es ist schwierig zu organisieren, wenn man nicht ständig mit dem Baby zusammen ist. Ich stellte mir gelegentlich vor, wie das wäre, wenn man bei uns überall stillende Mütter sähe. Ich gehe in eine Bankfiliale, hinter mir betritt ein Mann mit Säugling den Schalter und reicht seiner Frau, der Filialleiterin, das Kind, die ihre dunkelblaue Kostümjacke aufknöpft, die weiße Bluse und den Still-BH öffnet und das Kind anlegt. Geduldig warten die Kunden. Kind geht vor. So etwas habe ich nie gesehen. Dafür habe ich in der Presse unzählige Artikel darüber gelesen, wie schrecklich es ist, dass Kinder bei uns eben nicht vorgehen, und einmal sogar einen, in dem sich jemand darüber empörte, wie schamlos Frauen seien, die in der Öffentlichkeit stillten. Ach, dachte ich, wäre das doch alles ein bisschen normaler, so wie in vielen anderen Ländern auf der Welt.

Unser moderner Alltag passt nicht zu stillenden Müttern, die nicht monatelang mit dem Baby zu Hause bleiben wollen. Stillen hält vom Arbeitsplatz und vom normalen Alltag fern. Ja, man kann das alles organisieren, wie gesagt, mit Abstillen oder Ersatzmilch oder Abpumpen. Aber man könnte auch auf dem Arbeitsmarkt etwas ändern. Ja, Frauen können ihre Eizellen einfrieren lassen, damit die Karriere gedeiht. Aber man könnte auch die Karrierebedingungen so verändern, dass Kinder möglich sind. Leider bestimmt nicht mehr der Mensch über die Arbeit, sondern die Arbeit über den Menschen. Nicht die Arbeitsbedingungen erleichtern unser

Leben, sondern der Mensch hat sich den Arbeitsbedingungen unterzuordnen. Und diese sind oftmals auf Männer zugeschnitten, die in ihren Familien nur wenigen Zwängen unterliegen. Sachzwänge regieren uns, und das heißt: wirtschaftliche Interessen, die sich gern unter der Kuscheldecke *familienfreundlich* verstecken.

Ich erinnere mich an eine ehemalige Arbeitskollegin von MTV, die ich nach ihrer Entbindung einmal neugierig besucht hatte. Sie hatte »Tatatata« gerufen, die Tür des Gefrierschranks aufgerissen und mir ihre »Freiheit« gezeigt: eingefrorene Muttermilch. Ich fand sie ein bisschen gaga. Jetzt nicht mehr. Denn nach der Geburt ist die Mutter ja nicht entbunden. Sie ist gebunden – an die Stillzeiten. Ich selbst besorgte mir später auch eine Milchpumpe für den Notfall, doch ich war zu faul für das umständliche Abpumpen, und da ich keine Schmerzen hatte, wenn ich eine Weile nicht stillte, und Emma meistens geduldig wartete, musste ich auch nicht abpumpen. Zur Not hatten wir Ersatzmilch im Haus. Ich hatte gelesen, dass viele Stillkinder diese ablehnen, doch Emma schmeckte alles. Alexander war glücklich, wenn er der Kleinen hin und wieder die Flasche geben konnte, denn vom Stillen war er ja ausgeschlossen. Scherzhaft behauptete er einmal, er wäre glatt eifersüchtig. Ich hatte den Eindruck, da steckte ein Milliliter Wahrheit drin.

Ich stillte Emma alle vier bis fünf Stunden, und wenn ich zu einem Vortrag musste, stillte ich sie vor meiner Abfahrt, und meistens hielt sie durch, bis ich wieder da war. Oder ich. Wie gesagt, war ich relativ schmerzunempfindlich, aber ich erinnere mich auch an die eine oder andere Heimfahrt von Vorträgen, wenn ich die Wohnung am Nachmittag verlassen hatte und nachts um zwei nach Hause kam mit prallen Brüsten, Emma weckte und sie andockte. Obwohl das manchmal stressig war, empfand ich das Stillen nicht als Sklaverei. Wenn man in einem Büro arbeitet und in Konferenzen sitzt, die nicht enden wollen, während die Brüste immer voller werden, ist das natürlich eine andere Situation. Ich konnte mir meine Zeit meistens selbst einteilen. Und außerdem hatte ich die Option abzustillen, wenn es nicht mehr gut klappte.

Ich empfand Stillen als etwas völlig Normales, worüber man eigentlich nicht viele Worte verlieren muss, und staunte nicht schlecht, als ich anlässlich einer Vorsorgeuntersuchung bei der Kinderärztin eines Tages nicht nur von Stillphilosophien hörte, sondern Zeugin eines Stillkrieges wurde. Es erschloss sich mir nicht, warum sich die drei Mütter im Wartezimmer so hasserfüllt ankeiften. Es konnte doch jede tun, was sie für richtig hielt, warum musste eine recht haben? Und wieso sollte eine Mutter, die nach einem Jahr Babypause arbeiten wollte, mindestens zwei Jahre stillen? Ich habe einmal auf einer Gartenparty einen Dreijährigen gesehen, der an den Brüsten seiner Mutter hing beziehungsweise stand. Ich muss zugeben, dass ich das gewöhnungsbedürftig fand. Aber dann packte ich mich an der eigenen Nase. Das ging mich doch nichts an. Und um eine Diskussion darüber zu beginnen, wer recht hat, war mir das Thema viel zu uninteressant. »Womöglich braucht dieses Kind extra viele Abwehrkräfte«, sagte ich zu einer anderen Frau, die das nuckelnde Riesenbaby ebenfalls grenzwertig fand. Und dann dachte ich, dass auch Mütter extra viele Abwehrkräfte brauchen. Vor allem, wenn sie im Licht der Öffentlichkeit stehen. Erst neulich wieder kursierte das Foto einer Schauspielerin, die ihrem Kind die Flasche gab, was zu einem Shitstorm führte. Ob sie Angst um ihre *Titten* habe, weil sie nicht stille und so weiter. In diesem Fall hatte der Säugling lange im Krankenhaus gelegen, das Stillen wäre gar nicht möglich gewesen, und wer weiß, ob die Mutter es überhaupt hätte tun können, wie gesagt, das klappt ja nicht bei jeder Mutter.

Doch der *Mob,* so muss ich diese Mobber nennen, weiß Bescheid. Will sie ihrem Baby die besten Abwehrkräfte vorenthalten? Anders wäre es, wenn sich die besorgniserregenden Meldungen bestätigen, dass Glyphosat-Rückstände in der Milch von immer mehr stillenden Müttern gefunden werden. Den nächsten Shitstorm kriegt in diesem Szenario eine Mutter ab, die ihr Kind stillt, obwohl man doch weiß, dass dieses Unkrautvernichtungsmittel großflächig über fast alle Felder verteilt wird. Will sie ihr Baby etwa vergiften? Der Kurzschluss ist ganz einfach: Eine anonyme Öffentlichkeit weiß immer besser als die Mutter des Kindes, was gut für dieses Kind ist. Und egal, was die Mutter tut: Es ist falsch.

In der Jurte

»Na, dann werdet ihr ja wohl bald umziehen«, hörten Alexander und ich oft. Und manchmal fügte jemand hinzu: »Also, ich würde eure Wohnung gern übernehmen.«

Günstige Wohnungen in guter Lage sind in München sehr, sehr selten. Ich würde nicht ausschließen, dass es Leute gab, die sich über unseren Familienzuwachs freuten im Hinblick auf eine frei werdende Wohnung. Eine hatte der Familienzuwachs schon mit sich gebracht: Alexander war in der

Schwangerschaft zu mir gezogen. Seine Wohnung wäre zu klein gewesen und die Lage außerhalb des Zentrums war nicht so gut. In meiner Zweizimmerwohnung würden wir auch mit Kind eine Weile gut leben können. Mir graute jetzt schon vor dem Umzug – ich liebte mein Viertel – und noch mehr vor der Wohnungssuche. Sicher war es mit Kind nicht einfacher, was man so hörte. Mittlerweile wusste ich auch, dass mein Viertel nicht nur für mich optimal war – viel Kultur und Kneipen, öffentliche Verkehrsmittel in der Nähe. Es gab zahlreiche Kinderbetreuungsangebote, Krabbelgruppen, Mutter-Kind-Treffs, mehrere Spielplätze und einen kleinen und einen sehr großen Park, in dem ich bislang allein gejoggt war. Bald würde ich mit dem Baby joggen – vorausgesetzt, wir leisteten uns einen dafür geeigneten Kinderwagen. Bis jetzt hatten wir nichts angeschafft. Ich war froh, dass Alexander meine Meinung teilte. Wir hatten kein Kinderzimmer eingerichtet, ehe unser Kind auf der Welt war – und auch dann brauchten wir noch keins. Wir bekamen allerdings einige Babysachen von Alexanders Bruder geschenkt. Bei meinem ersten Ausflug in die Babykonsumwelt staunte ich nicht schlecht. Erstens, was es alles gab. Und zweitens, was das kostete. Falls ich jemals mit dem Gedanken gespielt hätte, dass wir bequem von Alexanders Verdienst würden leben können, wäre ich spätestens da hart in der Realität gelandet.

Als wir mit unserer kleinen Emma aus der Klinik kamen, bestand das Kinderzimmer aus einer Matratze im Wohnzimmer. Das war Emmas erste Insel in der Welt. Hier wickelte ich sie, stillte sie, kuschelte mit ihr. Es war ein bisschen wie in einer Jurte, und ich hatte nie den Eindruck, dass Emma sich wohler gefühlt hätte in einem *Babybay* oder *Stokkebett*, mit Mobiles von *Bellybutton*, *Nattou* oder *Fehn*, die Must-haves der hippen Säuglinge, die auch nur Klamotten von *Le Petit Bateau* trugen oder *Jo Jo maman bebe* bevorzugten, wo auch Herzogin Kate, die Schwiegertochter von Prinzessin Diana einkaufte.

Einmal schreckte ich nachts durch einen Albtraum hoch: Emma war vom Wickeltisch gefallen. Ich beruhigte mich erst wieder, als mir einfiel, dass wir so etwas ja gar nicht besaßen. Ein weiteres Argument für die Jurtenlösung! Nach einer Weile schafften wir eine Kraxe und einen Radlanhänger an, den man zum Joggingmobil umbauen konnte. Manche Besucher wunderten sich vielleicht ein bisschen, weil bei uns in der Wohnung der rosarote Bereich fehlte. Ich dachte an die Säuglinge in meiner mongolischen Ersatzfamilie. Die hatten gar nichts. Ein Kind ändert nichts an der Umgebung. Es wird nichts extra für die Kinder angeschafft, sondern mit Fantasie aus dem Vorhandenen etwas gebastelt. Sie spielen mit Holz, Stofffetzen und Steinen, und als Schnuller dienen ihnen Fettstücke. Ein eigenes Bett oder eine Wiege haben sie selten, und wenn die Familie irgendwohin geht, sind sie immer dabei. Ich habe einmal versucht, einem Mongolen Kinderbetreuung zu erklären. Es hat genauso wenig funktioniert, wie ich ein andermal versuchte, den Begriff Eile zu erklären. Es gelang nicht, denn: »Wieso soll man etwas schnell tun?«

»Weil es schnell getan werden muss.«

»Und weshalb?«

»Damit man dann noch was anderes tun kann.«

»Aber das kann man doch auch tun, wenn man das eine getan hat.«

»Im Prinzip schon, doch bei uns muss man viele Dinge mehr oder weniger gleichzeitig tun, und deshalb beeilt man sich, damit man alle schafft.«

»Und was ist der Zweck des Ganzen?«

Gute Frage, dachte ich. »Man hat dann eben … viele Dinge geschafft«, antwortete ich.

»Und wozu?«

»Äh …« Ich überlegte und stotterte dann: »Damit man Zeit für das hat, was man eigentlich tun will.«

Mein Freund Esee lachte. »Wir Mongolen machen gleich das, was wir eigentlich tun wollen, dann brauchen wir uns nicht zu beeilen.«

Vielleicht machen die Kinder der Mongolen deshalb einen so ausgeglichenen und ziemlich oft sogar glücklichen Eindruck.

Als ich eines Tages zum Geburtstag einer Bekannten eingeladen war, die mir bei delikaten Kanapees auf dem hippen Kanapee in ihrer coolen Wohnung leicht beschwipst erzählte, sie hätte keine Kinder gekriegt, wenn man ihr vorher gesagt hätte, dass sie dann lebenslänglich im Schweinestall leben müsste, war ich froh, dass ich keinen gesteigerten Wert auf Ambiente lege. Die früher erfolgreiche Grafikdesignerin in einer Top-Ten-Werbeagentur, die seit ihrer Mutterschaft in einem Minijob ein Käseblättchen betreute, vertraute mir an, dass sie exquisite Gegenstände angeschafft habe, um sich daran zu erfreuen, anstatt sie in einer kindgerechten Wohnung voller klebriger Fingerabdrücke in Schränken einsperren zu müssen. Sie sagte noch ganz andere Sachen. Ich lachte zuerst, weil ich glaubte, sie scherze – wenn Mütter ihre Kinder kritisieren oder gesellschaftlichen Konventionen widersprechen, tun sie das ja meistens in einem Ton, der den Inhalt des Gesagten noch während der Rede löscht. Doch dann merkte ich, dass sie das alles ernst meinte, und erschrak ein bisschen. Dann tat sie mir leid, weil ich selbst so anders bin. Diese Frau, ich kannte sie nur flüchtig, wollte danach nie wieder etwas mit mir zu tun haben, und wenn wir uns gelegentlich begegneten, schaute sie weg. Sie ließ mich dafür büßen, dass sie mir die Wahrheit gesagt hatte.

So eine ähnliche Begegnung hatte ich noch einmal. Bei einem Vortrag lernte ich eine Frau kennen, hoch in den Siebzigern, die mir erzählte, dass sie in ihrer Jugend mit dem Motorrad durch Dutzende von Ländern gefahren sei. Dann bekam sie Kinder und hörte auf.

»Aber wieso?«, fragte ich. »Sie hätten doch trotzdem noch Motorrad fahren können, man sieht oft Kinder auf Motorrädern.«

»Zu meiner Zeit war das anders«, entgegnete sie. »Da wäre man gelyncht worden, auch wenn man sämtliche Motorradsicherheitstrainings absolviert und mehrere Pokale bei Rennen gewonnen hat.«

Ich merkte, dass ihr dieser Verzicht sehr schwergefallen war. Wahrscheinlich sagte ich etwas wie: »Tja, man muss eben Kompromisse machen«, und dachte an einen oder zwei, maximal drei.

Dass sie sich auch in meinem eigenen Leben sehr bald rasant summieren würden, kam mir nicht in den Sinn, und erst recht nicht, dass die Bilanz eines Tages so aussehen würde, dass mein eigenes Leben zum Kompromiss wurde.

Als Emma größer wurde, machten wir nicht viele Umstände, sondern stellten die gefährdeten Gegenstände eben eine Etage höher. Alexander, dem Ordnung wichtiger war als mir, litt kein bisschen darunter, wenn Emma später ihre Bauklötze im Wohnzimmer verstreute. Er war vom ersten Augenblick an hin und weg von seiner Tochter. In den Wochen nach ihrer Geburt rief er mich zuweilen mehrmals täglich aus dem Job an, um zu fragen, was Emma mache, und mir vorzurechnen, wie viele Stunden oder gar Minuten es noch dauere, bis er wieder bei ihr sei.

Bei ihr, sagte er. Nicht bei mir.

Ich sah das nicht als Warnsignal. Ich freute mich darüber, dass er so ein lieber Papa war. Es machte Alexander überhaupt nichts aus, sich nach dem Job um Emma zu kümmern, ganz im Gegenteil. Ich versuchte, alle meine Termine ab 16 Uhr zu legen, das war der frühestmögliche Zeitpunkt, an dem Alexander zu Hause sein konnte. 18 Uhr war besser, aber da bekam man nur selten Termine. Alexander sperrte die Wohnungstür auf, zog die Schuhe aus, rannte strahlend zu Emma, ich zog die Schuhe an und rannte strahlend zur Tür hinaus. Unsere Beziehung sollte manchmal tagelang aus solchen Übergabesituationen bestehen. Und wenn wir uns unterhielten, dann sowieso nur über Emma. Was hat sie heute gemacht, wie ist es ihr gegangen, denk daran, bei der Kinderärztin anzurufen und so weiter, und so weiter.

Manchmal fragte ich mich, was wir früher miteinander gesprochen hatten. Ich konnte mich nicht daran erinnern. Es war wohl nicht so wichtig gewesen.

»Spätestens mit vier Jahren braucht Emma ein Kinderzimmer«, hörten wir von mehreren Seiten. Eine Dreizimmerwohnung in München war für unter 1000 Euro nicht zu mieten, eine wirklich schöne Dreizimmerwohnung kostete mit einer großen Portion Glück ab 1500 Euro. Mir graute vor der Wohnungssuche. Doch dann löste sich das Jurtenproblem wie von selbst. In unserem Haus wurde eine Dreizimmerwohnung frei, und so zogen wir vom Erdgeschoss nach ganz oben in eine geräumige, helle Wohnung.

Emmas Show

Mein erster öffentlicher Auftritt nach Emmas Geburt fand bei einer Lesung aus *Heimatroulette* am Valentinstag statt, da war sie sechs Wochen alt und verschlief den Event im Tragetuch. Danach ging es Schlag auf Schlag, denn ich hatte noch ein gutes Dutzend Mongoleivorträge abzuarbeiten in diesem Frühling. Für meine berufliche Zukunft war es enorm wichtig, dass ich bei den Veranstaltern auch mit dem Handicap Mutter einen guten und zuverlässigen, professionellen Eindruck hinterließ. Das hatte ich aber nicht in der Hand. Wenn Emma beispielsweise Blähungen hätte, würde sie die Veranstaltung sprengen. Die ersten drei Termine fielen auf Samstage, und Alexander konnte mich begleiten und half mir beim Auf- und Abbau und passte während des Vortrags auf Emma auf. Doch den vierten Termin im März musste ich alleine stemmen. Mit Emma im Auto 500 Kilometer nach Norden, zwischendurch stillen, dann aufbauen, nett und entspannt mit dem Veranstalter plaudern, die Halle füllte sich, mehr als sechshundert Menschen. Emma schlief noch immer. Schon viel zu lange. Ich war nervös. Wenn sie jetzt aufwachen würde, das käme einer Katastrophe gleich. Doch das kleine Wuzerl schlief während des ganzen Vortrags im Tragetuch vor meinem Bauch und wachte nur beim Schlussapplaus einmal kurz auf, reckte die Ärmchen, gähnte und schlief weiter. Ich war zu Tränen gerührt. *Danke, danke,*

danke, Emma, sagte ich immer wieder. Geschwind packte ich alles zusammen, im Auto stillte ich sie und erklärte ihr, wie wichtig diese Termine für uns waren. »Du warst noch lange nicht auf der Welt, da bin ich herumgereist und habe das alles vorbereitet. Für uns, Emma. Allein heute diesen Vortrag zu halten, hat mich Jahre Aufbauarbeit gekostet. Das war eine ziemlich große Halle, Emma. Die nehmen nicht jeden. Da habe ich immer wieder an der Tür gekratzt, und jetzt endlich ist sie offen. Das habe ich mir immer gewünscht, von den wirklich großen Veranstaltern gebucht zu werden. Jetzt habe ich es geschafft. Da müssen wir dranbleiben, verstehst du, Emma. Irgendwann einmal erzähle ich dir, wie ich jahrelang ums berufliche Überleben gekämpft habe in diesem harten Job. Aber das will ich nicht mehr. Ich will, dass wir es gut haben. Ich will genug Geld verdienen, damit ich dir später Sachen kaufen kann, die du brauchst. Damit wir ins Schwimmbad gehen können, ohne den Pfennig umzudrehen. Pfennig, Emma, den gibt es schon gar nicht mehr. Ich muss dir so viel erzählen, wenn du größer bist. Und im Schwimmbad soll auch ein Eis drin sein. Und Pommes, wenn du magst. Deshalb müssen wir so weitermachen, auch bei den nächsten Terminen. Glaubst du, du kannst dann auch so brav sein wie heute?«

Emma machte ein Bäuerchen.

Leider verliefen die folgenden Termine nicht so unkompliziert. Zwar schrie Emma kein einziges Mal auf der Bühne, doch sie war davor unruhig. Ich dachte immer, es läge an mir, weil ich nervös war, das schaukelte sich bestimmt hoch. Einmal hatte ich einen Babysitter, doch in den Satzpausen während des Vortrags glaubte ich ständig, Emma aus der Garderobe schreien zu hören. Ich war unkonzentriert. Das war bestimmt einer meiner schlechtesten Auftritte, allein die Erfahrung half mir, den Vortrag souverän über die Bühne zu bringen. Ich musste mir eingestehen, dass es nicht nur darum ging, die Termine zu absolvieren. Wenn ich mich auf Emma konzentrierte, hatte ich weniger Aufmerksamkeit für das ganze Drumherum. Die Veranstalter, die Besucher, die Fragen – ich war nicht so schlagfertig, witzig, nicht so gut wie sonst. Das belastete mich. Bei einem der letzten Vorträge schrie Emma während der gesamten Autofahrt, 350 Kilometer lang. Ich kam völlig gestresst bei der Halle an und touchierte beim Einparken einen Straßenpoller. Meine Gage würde für die Reparatur draufgehen. Und Alexander war sauer. Das schöne neue Auto.

Allmählich dämmerte es mir, dass Emma mit zunehmendem Alter immer weniger schlafen würde. Dass sie immer mehr Aufmerksamkeit fordern würde. Dass ich eine mitreisende Ehefrau bräuchte, so wie sie manche meiner männlichen Kollegen im Gepäck haben. Beneidenswert! Die Jungs halten ihre Vorträge, ihre Frauen halten ihnen den Rücken frei. Es war an der Zeit, mir eine Alternative zu den Vorträgen zu überlegen. So einfach, wie ich es mir gedacht hatte, lief das nicht. Und das setzte mich massiv unter Druck. Denn ich wollte mein Standbein als Vortragsreferentin nicht aufgeben. Ich liebte diesen Beruf. Aber das spielte jetzt wohl keine Rolle mehr. Ich musste mir keine Tätigkeit suchen, die ich mochte, sondern eine, die zu Emma passte. Es kam nicht mehr auf meine Vorlieben an, sondern auf die Kinderbetreuung. Das traf mich dann doch hart. Damit hatte ich nicht gerechnet.

Was nun?

Putzen? Würde mir im Prinzip nichts ausmachen. Bloß verdiente man da verdammt wenig. Ich würde sehr viel putzen müssen. Und wohin währenddessen mit Emma?

Callcenter? Wohin mit Emma?

Zu Hause bleiben? Niemals!

Aber es wäre das Beste, du bleibst zu Hause, sagte ich zu mir selbst, und fragte mich: Könnte das nicht gehen?

Ja, finanziell könnte es gehen, wenn wir uns extrem einschränken würden, beziehungsweise wenn Alexander seine Beförderung doch noch annehmen und mehr verdienen würde. Dann wäre er aber an zirka drei Abenden pro Woche nicht zu Hause.

Das würde er nicht wollen.

Und ich auch nicht. Dann wäre ich nämlich komplett an die Wohnung gefesselt.

Könnte es auch gehen, wenn er auf die Beförderung verzichtete? Vielleicht. Wenn wir uns sehr, sehr einschränkten und an den Stadtrand zögen. Oder gleich in ein anderes Bundesland. Wir lebten schließlich in einer der teuersten Städte Deutschlands. Das Auto müsste auf jeden Fall weg.

Und dann? Mal abgesehen vom Finanziellen. Ich versuchte es mir vorzustellen. Enge überkam mich. Es war nicht so, dass ich nicht gern mit Emma zusammen war. Aber bitte nicht rund um die Uhr. Ich wollte auch mal was unternehmen, was mir gefiel. Und ich wollte nicht, dass meine eigenen Bauklotztürme, die ich mühsam aufgestapelt hatte, einstürzten, weil ich Türmchen mit meiner Tochter aufschichtete. Ja, es mochte sich nur um ein paar Jahre handeln, doch wenn ich jetzt den Anschluss verlor, dann war ich draußen. Da erkannte ich: Mein Leben war nicht mehr meine Show. Mein Leben war jetzt Emmas Show.

Milch fließt, aber kein Geld

Die Warnung, die der Oberarzt bei der Kreißsaalbesichtigung ausgesprochen hatte – man solle nicht im Internet nach Kinderkrankheiten suchen –, betraf Emmas Befindlichkeiten, nicht meine eigenen. So googelte ich, bis der Monitor glühte, und was ich fand, war alles andere als aufmunternd. Vor allem zeigte es mir, dass ich kein Einzelfall war. Viele Mütter wollen arbeiten, kriegen aber nur schlecht bezahlte Jobs ohne Prestige, weil die lukrativen Jobs, allzu oft auch diejenigen, in denen sie ausgebildet sind, lediglich in Vollzeit angeboten werden. Vollzeit und Mutter passen in den seltensten Fällen zusammen. Die Vollmutter, die Vollzeit arbeitet, braucht eine volle Kasse und die volle Unterstützung ihrer gesamten Umgebung. Und auch dann ist sie noch im Vollstress.

Rund 70 Prozent aller Frauen wollen heutzutage Beruf, Haushalt und Familie miteinander verbinden, habe ich in vielen Artikeln gelesen. Beinahe jede zweite Frau ist in einem Job mit weniger als zweiunddreißig Wochenstunden tätig. Die Hälfte von ihnen reduziert die Arbeitszeit nicht etwa, um mehr Zeit für Sport und Spaß zu haben, sondern wegen der Betreuung von Kindern und/oder pflegebedürftigen Angehörigen. Männer, so scheint es, haben seltener Kinder oder pflegebedürftige Angehörige. Oder fallen diese hochkomplexen Projekte einfach nicht in ihren Zuständigkeitsbereich? Laut Statistischem Bundesamt handelt es sich dabei um 1,9 Millionen Frauen und, im Vergleich dazu, 90 000 Männer, die aus oben genanntem Grund – Kinder und pflegende Angehörige – keiner Erwerbsarbeit nachgehen. Ich würde niemals behaupten, dass alle Frauen, die zweiunddreißig Wochenstunden arbeiten, lieber vierzig arbeiten würden. Aber ich weiß aus vielen Gesprächen, dass zahlreiche dieser Arbeitsstunden mit Ersatztätigkeiten fern vom eigentlichen Ausbildungsberuf zugebracht werden, weil in Deutschland Karriere und Teilzeit nicht harmonieren. Und es passen ja nicht mal Karriere und Fairness zusammen, solange Frauen durchschnittlich 22 Prozent weniger Geld verdienen für die gleiche Arbeit wie Männer in derselben Branche mit derselben Ausbildung. Werden dem Architekten rund 4500 brutto überwiesen, sind es bei seiner Kollegin eben nur 3300. Sie hat nämlich einen Knick in ihrer Biografie. Nach der Geburt ihrer Tochter blieb sie zwei Jahre zu Hause und arbeitete im Anschluss noch mal zwei Jahre halbtags als Bauzeichnerin, weil es keine Halbtagsarchitektinnen gibt. »Oder«, so fragte der Chef, »möchten Sie vielleicht in einem halben Haus wohnen?« Ja, wer will schon in einem halben Leben leben. Aber diese vier Jahre sind nie, nie, nie wieder aufzuholen. Deutschland merkt sich alles. Und das kann man dann später auch auf dem Rentenbescheid ablesen. Wenn wir von Altersarmut sprechen, ist meistens die Armut von Müttern gemeint.

Aus diesem Grund versteckt eine Bekannte von mir ihren Mann. Sie ist in einem künstlerischen Beruf tätig und gibt vor, ledig zu sein. »Wenn ich offenlegen würde, dass mein Mann Kardiologe ist, bekäme ich deutlich weniger Honorar, dann würde ich doch als versorgt gelten und bräuchte ja nur noch so eine Art Taschengeld für meine Kunst, die dann automatisch zu einem Hobby würde.«

Dieses Lohndumping ist nicht auf Künstlerinnen beschränkt. In einer Studie im Auftrag des Familienministeriums ist nachzulesen, dass viele Personalleiter Frauen – vor allem Berufsrückkehrerinnen – geringer dotierte Gehaltsangebote unterbreiten als Männern mit gleicher Qualifikation. Es gibt sogar Studien, die nachweisen, dass Frauen allein wegen der Gefahr einer Schwangerschaft und des damit einhergehenden »Ausfalls« weniger Gehalt bekommen.

»Amerikanische Forscher nennen das *motherhood penalty*, Mutterschaftsstrafe«[5]. Der Begriff gefällt mir, endlich mal etwas, was man dem eidottergelben Mutterglück entgegenstellen kann. Deutsche Forscher haben konkrete Zahlen ermittelt: Pro Kind büßt eine Mutter 16 bis 18 Prozent Gehalt ein. Kein Wunder, dass die Väter da immer mehr arbeiten, das müssen die ja auffangen. Aber in der Regel reicht das Einkommen eines Mannes nicht aus, um eine Familie zu ernähren, da *müssen* oft beide Elternteile arbeiten, egal ob sie es wollen oder nicht. Insofern gibt es keine Wahlfreiheit. Frauen müssen ran. Und in diesem Fall ist es angenehmer, wenn eine Frau das auch möchte, nicht aus Not dazu gezwungen wird. Ich bin nicht der Meinung, dass jede Mutter arbeiten muss. Aber diejenigen, die wollen, werden oft schlecht bezahlt, und das ist nicht fair.

Eine andere Bekannte von mir suchte vor vielen Jahren lange und mit zunehmender Verzweiflung eine Stelle im Krankenhaus als Ärztin im Praktikum. Ihre Qualifikation war herausragend, einen Job fand sie nicht – bis ihr eines Tages ein Stationsarzt in bedauerndem Tonfall mitteilte: »Ich würde Sie liebend gern anstellen. Doch dann rebellieren die männlichen Kollegen. Denn was ist, wenn Sie ein Kind kriegen? Wer übernimmt dann Ihre Dienste? Die bleiben doch an denen hängen.«

Ja, so ist es. An den Frauen bleiben die Kinder hängen, an den Männern die Dienste.

Ich glaube, ich würde mich weniger darüber aufregen, wenn das alles mal öffentlich zugegeben würde. *Ja, wir diskriminieren Frauen, weil sie Kinder kriegen können. Ja, Frauen sind keine richtigen Menschen im Sinne von Männern, das sehen Sie doch schon an der Breite des Beckens. Es ist nun mal so, dass Wesen mit Brüsten weniger verdienen müssen, weil – wenn Sie die Körperdichte berechnen –, das sonst ungerecht wäre. Und denken Sie bloß an die Eier, die der weibliche Körper ja auf Vorrat hält. Wie sollen wir die Lagergebühren bilanzieren? Da muss man schon Einbußen beim Gehalt in Kauf nehmen. Wissen Sie, Männer sind ja quasi hilflos. Wenn Mutti weg ist, muss Ersatz her. Und deshalb ist es besser, Frauen kultivieren ihre Fürsorgekompetenzen.*

Das wäre doch mal ein Ansatz. Darüber könnte man sachlich diskutieren, anstatt erst immer ewig und langatmig beweisen zu müssen, dass das überhaupt so ist. Und dann ist die Luft raus.

Mütter haben das Nachsehen. So ist es, und es ist kein Wunder, dass dann auch welche aufgeben, die in ihrer Schwangerschaft dachten, sie würden ihr Berufsleben wie gewohnt weiterführen, auch als Mutter. Aber auf einmal ist der Mann, wenn er überhaupt noch da ist, der Hauptverdiener. Manche Männer halten die Konkurrenz in Gestalt eines kleinen Kindes nicht aus. Und so ist die zur Mutter gewordene Frau finanziell abhängig. Auch wenn sie sich selbst einschränkt, als wäre sie eine Mongolin. Sie lebt in Deutschland, und ein

Kind kostet Geld, laut Statistischem Bundesamt bis zu seinem achtzehnten Geburtstag rund 120 000 Euro. Und da sind noch keine Extras dabei, mit denen man seinem Schatz das Leben gern versüßen würde. Eis, Tierpark, Gitarrenunterricht. Ich will nicht so leben, dass ich irgendwie über die Runden komme, ich hätte gern ein bisschen mehr, zumal ich hart dafür arbeite. Und wenn das so weitergeht, werden bald Fünfzig- und Sechzigjährige Kinder kriegen, weil man ja weiß: Mit Kindern kannst du dein Leben abhaken, also musst du es dir vorher gut gehen lassen. Ich habe selbst spät angefangen mit dem ersten Kind, kurz vor meinem vierzigsten Geburtstag. Und trotzdem kam es mir zuweilen vor, als wäre das noch viel zu früh gewesen, denn wer will schon mit vierzig sein eigenes Leben für beendet erklären, wo heute in diesem Alter statistisch betrachtet vielleicht gerade mal die Halbzeit eingeläutet wird.

Die krumme Mutter

Ich weiß, dass man mit sehr wenig Geld auskommen kann. In vielen Ländern, die ich bereiste, hatten die Menschen so gut wie gar kein Geld, und ich könnte nicht behaupten, dass sie unglücklich waren, solange ihre Grundbedürfnisse erfüllt wurden. Armut sagt nichts über Lebenszufriedenheit aus. Die glücklichsten Menschen, die mir begegneten, besaßen sehr, sehr wenig. Aber erklär das mal deinem Kind, wenn seine Spielkameraden tolle Sachen haben, die du dir nicht leisten kannst. Ich wollte meine eigenen geringen Ansprüche nicht auf Emma übertragen. Sie sollte keinesfalls mit dem Gefühl groß werden, wir müssten ständig knausern und knapsen. Das musste ich als Kind auch nicht und bin meinen Eltern sehr dankbar, dass immer genug von allem da war. Deshalb braucht man ja nicht dem Konsumrausch zu verfallen. Und man muss einem Kind auch nicht jeden Wunsch erfüllen, bloß nicht. Aber es soll aufgrund fehlender Besitztümer nicht gemobbt werden, wie es derzeit leider häufig vorkommt. Im Moment brauchte Emma so gut wie nichts, doch später einmal möchte ich ihr auch Extras finanzieren – die angesagten Turnschuhe, Musikunterricht, Teilnahme an der Klassenfahrt, eine Monatskarte fürs Schwimmbad. Emma soll nicht draußen bleiben müssen, weil ihre Mutter, ihre Eltern zu wenig Geld hatten. Mir stand der Sinn nicht nach Luxus, doch meine Tochter sollte die Eintrittskarte für ein angepasstes soziales Leben in einer Stadt wie München bezahlen können, und die hat ihren Preis. Angenommen, ich würde nicht arbeiten, und Alexander würde allein für meinen und Emmas Unterhalt aufkommen. Dann wäre ich womöglich aus dem Grund manchmal nett zu ihm, damit er Emma die Turnschuhe kaufte, die er vielleicht affig fände? Inwieweit also würde ich ihn behandeln wie einen Vorgesetzten, eine Autoritätsperson? Schließlich verdiente er das Geld. Ich habe eine Freundin, deren Mutter sie gern daran erinnert, dass ihre sorgenfreie Jugend und das Studium vor allem auf dem Verzicht und Durchhaltewillen der Mutter gründen, die sich nicht von *dem Ekel* trennte. Auf einmal saß ich in der Geisterbahn und raste durch die Jahre in eine Vergangenheit, in der Frauen auch auf dem Papier Menschen zweiter Klasse waren, ohne Wahlrecht, ohne eigenes Einkommen, stets dem Manne unterstellt, zuerst dem Vater, dann dem Gatten. Ich wollte keine krumme Mutter werden, ich wollte aufrecht bleiben!

Ich selbst hielt mich für geradezu unbestechlich, was die Verlockungen der Konsumwelt angeht. Doch nach und nach bemerkte ich, dass man als Mutter allein schon aufgrund der Labels, die ein Kind trägt, bewertet wird, zumindest in bestimmten Wohngegenden. Je hochpreisiger das Segment, in dem die Mutter einkauft, desto hochwertiger ihre Qualifikation als Mutter. Eine schlechte Mutter gibt sich mit einem gebrauchten Kinderwagen zufrieden, ihr Kind ist ihr wohl nicht genug wert? Je nach Herkunft können hier Gründe angeführt werden: Gefahrenquelle durch Verkehrsunsicherheit, Krankheiten durch Bazillen des davor im Wagen liegenden Kindes, energetische Beeinträchtigungen der Aura dieses Kindes, emotionale Geringschätzung. Und der Kinderwagen allein sagt ja noch nichts über die Extraliebe aus, die wippt in einem Sonnenschirmchen über dem Babygesichtchen und ummantelt seine Füßchen in einem kuscheligen Säckchen, und später ist das Holzrad des Kindes aus rein biologischem Holz und das Babyfone garantiert strahlenarm, und wenn nicht, dann zeigst du damit, dass du eine schlechte Mutter bist.

Also muss sich eine Mutter, die glaubt, dass die Verpackung ihres Kindes etwas über ihre Liebe zu ihrem Kind aussagt, ziemlich krummlegen, um das Geld ranzuschaffen. Wenn sie Pech hat, bei *dem Ekel.* Wenn sie Glück hat, beim Regaleinräumen im Supermarkt. Aber vielleicht hat sie auch geerbt oder vor drei Jahren ein Start-up gegründet, das fette Gewinne macht. Auch für eine Mutter hat ein Tag nur vierundzwanzig Stunden. Die Zeit, die sie mit Arbeit verbringt, um ihrem Kind etwas zu bieten, geht von der Zeit ab, die sie aktiv mit ihrem Kind verbringen kann. Das heißt, dass die richtigen Labels nicht nur Geld, sondern auch Zeit fressen und dazu führen, dass das Kind vernachlässigt wird, durch Mutter und/oder Vater. So viel zu den Wettbewerbsbedingungen in der Konsumwelt: Sie lenken ab vom Wesentlichen, vom Kind, und damit wir das nicht merken – Geld regiert die Welt –, werden sie aufgewertet als Zeichen der Liebe. Und später kann ich auf meinen Kinderfotos und -filmen am Logo meines Strampelanzügchens ablesen, dass meine Mami mich wirklich geliebt hat. Sie hat sich rund um die Uhr krummgelegt für mich. Was für ein Vorbild!

Elternvisum

Ach, wie gern wäre ich mit Emma in die große weite Welt gereist, um ihr zu zeigen, dass der Alltag in Deutschland kein Standard war. Doch dazu war sie noch viel zu klein. Natürlich hätte ich mit ihr reisen können, aber eben ein bisschen anders, als ich es gewöhnt bin. »Lass uns nach Italien fahren«, schlug Alexander vor und fügte hinzu: »Schließlich sind wir jetzt Eltern.« Das sagte er öfter. Es klang so, als wären wir damit in einen speziellen Bereich eingetreten, in dem man manches Verhalten unterließ, gewisse Sachen besitzen sollte und sich in anderer Hinsicht ein bisschen gehen lassen durfte. Mir war das alles fremd. Aber gegen Italien hatte ich nichts, und wenn mein Mann fand, dass Italien für ein Münchner Kindl standesgemäß war, warum nicht. Auch Alexanders Wunsch, dass Emma es einmal besser haben sollte als er, konnte ich nicht richtig nachvollziehen, denn was hatte die Gegenwart des Kindes mit seiner Vergangenheit zu tun? Aber ich sagte nichts dazu, denn das hatte ich auch von anderen Eltern gehört, und vielleicht war ich einfach noch nicht eingecheckt, ich stand noch in der Warteschleife für das Visum in dieses exotische Land namens Elternschaft.

Hoffentlich würde ich es an der Amalfiküste besser kennenlernen. Die Reise war erschwinglich, der Hotelprospekt sah verlockend aus, also stimmte ich zu und bezahlte wie immer die Hälfte.

»Du spinnst!«, urteilten meine Freundinnen, wenn sie mitbekamen, dass ich mir alle Kosten fifty-fifty mit Alexander teilte. »Wieso tust du das? Du nimmst doch den Großteil der Kinderbetreuung auf dich. Das muss honoriert werden. Alexander muss mehr zu eurem Lebensunterhalt beisteuern als du.«

Aber wir lebten doch in einer Partnerschaft, und die kann es nur geben, wenn beide sich auf Augenhöhe begegnen. Wäre ich finanziell abhängig von Alexander, würde diese Augenhöhe nicht mehr existieren. Allein die Vorstellung, ihn zu bitten, mir Geld auszuhändigen, damit ich beispielsweise ein Geburtstagsgeschenk für eine Freundin kaufen könnte, die er nicht leiden konnte, war schrecklich für mich. Und wie würde ich mich fühlen, wenn ich kein eigenes Geld mehr hätte! Auf der ganzen Welt habe ich die schrecklichen Folgen wirtschaftlicher Abhängigkeit – im Kleinen wie im Großen – beobachten können. Bildung und finanzielle Unabhängigkeit sind die Voraussetzung für ein selbstbestimmtes und deshalb auch zufriedenes Leben. Alexander unterstützte mich auf seine Art, indem er gelegentlich den großen Wochenendeinkauf bezahlte. Doch unser Deal lautete halbe-halbe. Und damit fühlte ich mich gut. Noch.

»Du vertraust Alexander nicht«, sagte einmal eine Freundin zu mir. »Du glaubst nicht an eure Beziehung.«

Entgeistert starrte ich sie an. »Ich bin nur realistisch«, erwiderte ich.

»Man muss hundertprozentig an seine Beziehung glauben, sonst geht sie schief«, hörte ich da.

»Und was ist mit der Scheidungsquote von bis zu 50 Prozent in den Großstädten?«, fragte ich.

»Das ist, weil sie alle nicht daran geglaubt haben.«

Es mag ja sein, dass der Glaube Berge versetzt. Aber Ehen? Ich hatte da so meine Zweifel. Wie schon einmal erwähnt, gehe ich gern vom Schlimmsten aus, um später nicht überrascht zu sein. Der schlimmste Fall wäre, dass Alexander und ich uns trennten. Im letzten Jahrtausend wäre dann nicht nur Emma, sondern auch ich versorgt gewesen, wenigstens ein bisschen. Aber seit der Reform des Unterhaltsrechts hat eine Mutter keinen Anspruch mehr auf Unterhalt, sobald ihr jüngstes Kind drei Jahre alt ist. Dann muss sie arbeiten. Wie sie das schafft, ist ihre Sache; wie und in welchem Umfang sie tätig sein muss, wird im Einzelfall vom Gericht geprüft. Wenn Betreuungsplätze fehlen oder das Kind aus gesundheitlichen Gründen nicht aufgenommen werden kann, muss die Mutter das nachweisen. Und wenn sie keinen Job findet, kriegt sie trotzdem keinen Unterhalt. Hartz IV als Perspektive. Da fand ich es wesentlich besser, weiterhin auf mein eigenes Einkommen zu setzen. Denn ich würde nicht zu den begnadeten Vollzeitmüttern gehören, die von Haus aus über genug Geld verfügten, um sich und ihr Kind bequem durchzubringen. Davon abgesehen, ist Arbeit für mich ja keine Strafe, sondern Freude. Es erfüllt mich mit Selbstbewusstsein und einem guten Gefühl, wenn ich für meinen Lebensunterhalt sorge, noch dazu mit einer Tätigkeit, die mir Spaß macht. Zu Hause bleiben stellte niemals eine Verlockung für mich dar, eher eine Abschreckung. Ich konnte mir das nicht schönreden, obwohl ich es hin und wieder versuchte. Stell dir vor, sagte ich zu mir selbst, du stehst morgens auf und musst nirgendwohin, keine

Termine, wie ein großes Vergnügen liegt der Tag vor dir. Einkaufen, Spielplatz, du kannst lesen und Musik hören und ständig mit der lieben Emma spielen, kein Telefon klingelt, du kannst mit Muße basteln und backen und … und … und, ja, was macht man dann so? Nein, das klappte nicht bei mir. Vielleicht hatte ich auch völlig falsche Vorstellungen. Ich wusste nicht, was ich den ganzen Tag mit einem Kleinkind unternehmen sollte, da mich die Welt des Kleinkinds nicht interessierte, beziehungsweise eben nur so weit, als dieses Kleinkind meine Tochter war.

Immer wieder stellte ich fest: Kind als Lebenssinn funktionierte nicht bei mir. Ich dürstete nach beruflichen Aufgaben, nach Herausforderungen. Aber was bei jedem Vater akzeptiert wird, wurde mir angekreidet. Und wenn jemand sagte, es gäbe keine größere Herausforderung als diejenige, ein Kind großzuziehen, dann mochte das stimmen. Wobei sich fragt, warum wir dann unsere Kinder weggeben, ja geradezu weggeben sollen. Da stimmt doch wiederum was nicht. Vorne und hinten stimmt da was nicht, und es wird immer so gedreht, wie man es gerade braucht.

Die Väter, die nicht nur zwei Monate Väterzeit genommen haben, berichten oft von einer tiefen Bindung an ihre Kinder. Allein dass sie Zeit mit ihnen verbrachten, machte sie zu aktiven Elternteilen. Ich denke, darin liegt eine Lösung. Wenn Väter zu Hause bleiben müssten, würden sie womöglich im Anschluss gern zu Hause bleiben, nicht alle, aber manche. Günstigstenfalls wären sie mit Frauen wie mir zusammen, die gern arbeiten. Denn wenn beide am liebsten zu Hause beim Kind bleiben … Gibt es den Fall überhaupt? Oder habe ich gerade eine neue Randgruppe entdeckt?

Selbst wenn es mir gelungen wäre, eine Bilderbuchmutter aus dem letzten Jahrhundert zu werden, die in ihrer Versorgerinnenrolle aufgeht, hätte man sich über mich lustig gemacht oder mir Faulheit vorgeworfen. Warum arbeitest du nicht? Höchstwahrscheinlich hätte man mich für doof gehalten, mindestens zehn Intelligenzpunkte wären mir abgezogen worden, die verlieren Frauen nämlich bei der Geburt, es scheint eine hormonelle Geschichte zu sein, wussten Sie das nicht? Deswegen werden dann später ja auch Frauen, die nach einer Babypause in den Job zurückkehren, häufig niedriger eingestuft oder gar behandelt wie Anfängerinnen. Es ist nämlich eine Lüge, dass die Fähigkeiten, die viele Mütter auszeichnen, wertgeschätzt werden. Das sagt man nur so, um sie ruhig zu halten, ihnen zu schmeicheln, ein paar Brosamen vor die Füße, die von Zahnfleisch umlappt sind, auf dem sie daherschlappen.

Das kann doch alles nicht wahr sein, dachte ich. Dass der Preis für die Mutterschaft ein Leben ist, das ich nie wollte. Ich kapierte das nicht. Ich war doch so motiviert und bereit, vieles auf mich zu nehmen. Allein, dass ich ernsthaft darüber nachdachte, nicht mehr zu arbeiten, schockte mich, egal wie kurz diese Überlegungen gewährt hatten. Doch sie zeigten mir deutlich, dass ich etwas verändern musste. Ich konnte eine Weile von meinem Ersparten zu unserer Halbe-halbe-Regel zusteuern und würde meine Arbeit in den nächsten Monaten vorübergehend reduzieren, nahm ich mir vor. Konkret bedeutete dies, dass ich von fünf Terminen pro Woche auf zwei abspeckte. Ein Vortrag, eine Lesung, und außerdem flatterten ja nach wie vor Anfragen von Produktionsfirmen ins Haus, die mich als Projektscout buchen wollten. Und wenn das manchmal ein bisschen zwickte in meinem Rundumwohlbefinden, sagte ich zu mir: Schau, du hast ja schon so viel erlebt. Du brauchst das doch alles gar nicht mehr. Im Grunde genommen sind das alles nur Wiederholungen. Dein Kind ist neu. Genieße diese Zeit.

Aber leider funktionierte das eben nicht immer. Ja, ich wäre bereit gewesen, ein Viertel meines Lebens aufzugeben. Aber die Hälfte? Oder noch mehr? Das war ... fast mehr, als ich verkraften konnte, denn wenn eine Hälfte weg ist ... was bleibt denn dann noch?

Es blieb, dass wildfremde Menschen auf der Straße einen Schatten über Emma warfen, indem sie förmlich in ihren Kinderwagen hineinkrochen, und mich befragten. Junge oder Mädchen, wie alt, Probleme, trinkt sie gut, stillen Sie? Ich wurde sogar nach Details der Geburt gefragt und blieb Allgemeingut, auch nach dem Verschwinden des Schwangerenbauchs. Wenn ich offizielle Termine absolvierte, genoss ich es, dass meine Emma so brav war. Ich hatte sie bei vielen Interviews für mein Buch *Heimatroulette* dabei, sie war sogar im Bayerischen Rundfunk in einer einstündigen Livesendung. Wenn ich manchmal trotzdem ein wenig klagte, weil mir die Zeit davonlief, weil ich nie alles erledigen konnte, was ich mir vorgenommen hatte, sagte manchmal jemand, dass die ersten Monate eben sehr anstrengend seien: all die Übelkeiten, Schlafstörungen, Blähungen, Durchfälle, Kinderkrankheiten. Doch Emma hatte diese Kinderkrankheiten nicht. Wahrscheinlich war ich es, die daran litt.

Meine ersten Rabenmutter-Flecken

Ich arbeite, wie schon erwähnt, nicht nur als Vortragsreferentin, sondern auch als TV-Beraterin und Projektscout für verschiedene Fernsehsender. Meine Hauptländer sind die Mongolei und Südafrika. In den letzten Jahren habe ich mir in diesem Bereich einen guten Ruf erarbeitet, und viele Produktionsfirmen wenden sich an mich, wenn sie einen Film oder eine Reportage in diesen Regionen planen. In der Regel recherchiere ich Beiträge und die Gegebenheiten vor Ort und kümmere mich später um die reibungslose Durchführung im Land. Somit bin ich in einer Person Autorin und Realisateurin. In den letzten Jahren habe ich einige aufwendige Projekte betreut, wie zum Beispiel *Sehnsucht Mongolei* mit Markus Lanz oder für *Terra X* mit Dirk Steffens. Sowohl öffentlich-rechtliche Sender wie das ZDF als auch die privaten buchen mich für solche Aufträge, die mir große Freude machen, weil ich vom ersten Blatt Papier mit dem Treatment bis zum Dreh involviert bin.

Als Emma vier Monate alt war, landete ein äußerst verlockendes Angebot in meinem Mailkasten. Eine große Fernsehproduktion wollte mich für zwei Sendungen über die Mongolei buchen. Mein Herz machte einen Riesensprung. Gerade in den letzten Tagen hatte ich öfter an meine mongolischen Freunde gedacht, die ich nun schon so lange nicht mehr gesehen hatte. Im Grunde meines Herzens glaube ich ja, dass mongolisches Blut in meinen Adern fließt, auch wenn das laut Gentest nicht der Fall ist. Als ich auf der Suche nach meiner Herkunft die Mongolei entdeckte, hatte ich sofort das Gefühl: Hierher gehöre ich. Ich lernte dann auch bald eine Nomadenfamilie kennen, die mich aufnahm wie ein Familienmitglied. Seither hatte ich jedes Jahr mehrere Wochen oder auch Monate bei den Nomaden verbracht. Sie fehlten mir! Alles fehlte mir – die Sprache, die Jurten, der weite Himmel, die Landschaft. Ich hatte Sehnsucht danach, durch die Steppe zu wandern, immer ein bisschen Wind im Gesicht, Sehnsucht nach den einfachen Dingen wie Dung sammeln, den ich als späteres Brennmaterial in einen auf meinen Rücken geschnallten Korb werfen würde, ich vermisste den Anblick der *Deels,* eine Art Mantel, die bunt gekleideten Menschen, ihr fröhliches Rufen. Und auch die Tiere: Yaks und Ziegen, Schafe und Pferde. Ich hatte Sehnsucht nach dem Geruch des Feuers und dem Geschmack von Beerenmarmelade und frisch zubereiteten Boortzok, in Fett ausgebratenes Gebäck, und wenn viel geschmatzt und gerülpst wird, freuen sich alle: es schmeckt! Im Kreis um das Feuer sitzend, fühlte ich mich zu Hause; niemand lachte über mich, wenn ich mich vielleicht seltsam ausdrückte. In der Jurte musste ich nicht viel erklären. Wir verstanden uns einfach, wortlos und in den Melodien der Nomaden. Manchmal ertappte ich mich dabei, dass ich das eine oder andere Lied der Mongolen summte für Emma.

Yohor
Tohoi shinen gazartaa toiron baij
hatirya
Tolgoi deerh goyoltoo handar yandar
Hatirya

Juchhe!
Auf der frischen, schönen Steppe
will ich traben im Kreis herum!
In meinem Schmuck, auf dem Kopf, auf und ab wippt's,
will ich traben dahin!

Es fehlte mir auch meine jährliche Dosis Entschleunigung. In der Mongolei ist man nicht rund um die Uhr online, da hat man über weite Strecken nicht mal ein Netz. Und man kann trotzdem überleben, ich habe es ausprobiert: Als ich die Mongolei kennenlernte, war die Technisierung noch nicht einmal so fortgeschritten, dass jeder ein Handy hatte. Man wendete sich an eine der Frauen in Ulan Bator, die auf der Straße ihr schnurloses Telefon vermieteten, wie mobile Telefonzellen. Auch heute noch sind Telefonanbieter und vor allem Sendemasten deutlich rarer als bei uns. Um Empfang zu haben, recken manche Nomaden ihr an eine Holzstange gebundenes Handy hoch über das Jurtendach. Mittlerweile bin ich wenigstens in Mailkontakt mit meinen Nomadenfreunden. Am Tag nach Emmas Geburt simste ich das erste Foto meiner Tochter in die Mongolei. Ach, wie oft hatten sie mich bemitleidet: »Arme Sarah. Schon so alt. Und kein Mann, kein Kind.« Nachdem ich mich bezüglich des Befindens des Viehs erkundigt hatte, teilte ich meinen Nomadenfreunden stolz mit, dass diese meine Tochter mit zweitem Namen Tuya heißt. Das ist ein mongolischer Name, er bedeutet Sonnenschein. Zahlreiche Mongolen sprechen übrigens deutsch, weil sie in der DDR studiert haben; heute arbeiten sie oft bei Reiseveranstaltern und sprechen natürlich auch perfekt Englisch. Ich bemühe mich trotzdem, mongolisch mit ihnen zu reden, schließlich will ich die Sprache noch besser lernen. Gerade auch für meine Arbeit als Projektscout ist es wichtig, die Landessprache zu beherrschen.

Als ich mit der Produktionsfirma telefonierte, die mich angefragt hatte, und nach und nach begriff, was dieser Job alles beinhaltete, durchströmte mich Freude. Vier Wochen sollte der Dreh dauern. Das war sehr lang, normalerweise wurden höchstens zwölf Drehtage gebucht, in der Regel fünf oder sechs. Ein Monat drehen – das war der Wahnsinn, ein Sahnestück und außerdem hochlukrativ.

Ja, ja, rief alles in mir. Ich würde Esee sehen und Lhagwa, Otgon, Zaya, Togo, Nania, Zolo, Mogi, Tubsche, Tubschinzaya, Tubschintuchur ... Mein Herz hüpfte vor Freude.

Da fiel mein Blick auf die schlafende Emma, eingemummelt in ihrer Decke. Ihre flaumigen dunklen Härchen standen zum Fressen süß vom Kopf ab, ich hörte den schnellen Atem eines Traumes, und manchmal zuckten ihre niedlichen Füßchen.

In diesem Augenblick erkannte ich geradezu schlagartig, dass sich etwas Gravierendes verändert hatte in meinem Leben, und zwar nicht nur irgendwie theoretisch, sondern praktisch. Ich konnte nicht einfach Ja sagen, auch wenn ich das wollte. Ich konnte nicht reagieren, wie ich früher reagiert hätte – Sehr geehrte, bla, bla, bla, ich bedanke mich für Ihr Angebot und ... habe Zeit ... und Lust! Ich konnte überhaupt nie mehr oder zumindest die nächsten fünfzehn, zwanzig Jahre spontan etwas entscheiden, ohne darüber nachgedacht zu haben, welche Folgen das für mein Kind hätte. Ja, ob es überhaupt machbar wäre. In diesem Fall musste ich nicht lange überlegen, um zu wissen, dass es *nicht* machbar war. Ja, ich konnte mit Emma in die Mongolei reisen. Aber ich konnte nicht zwanzig Stunden am Tag arbeiten mit einem Säugling im Tragetuch. Bei so einem Dreh wäre ich ständig auf Achse, und zwei, drei Stunden Schlaf pro Nacht wären normal. Und dann der Stress, die extremen Temperaturen –

das war ein Ausnahmezustand, auch für mich, absolut ungeeignet für ein Baby.

Also nein.

In mir zog sich alles zusammen. Es tat weh, sehr weh. Ich schaute Emma an, aber es tat noch immer weh. Es war nicht so, dass mich ihr bloßer Anblick versöhnt hätte. Ich liebte sie. Aber ich wäre lieber in der Mongolei bei einem Abenteuer gewesen als in meiner Wohnung beim Emmahüten. Denn das war, bei aller Liebe, auf die Dauer langweilig. Ja, vielleicht würde sich das eines Tages ändern, doch nach vier Monaten mit dem Säugling fehlten mir die geistigen und beruflichen Herausforderungen. Vorträge und Lesungen allein waren toll, aber nicht zu vergleichen mit dieser Anfrage – die ich wohl absagen musste, egal wie weh es tat. Ich legte mich neben Emma, mein Ohr an ihrem Gesicht und hörte ihr beim Atmen zu. Es überkam mich keine Freude, dass ich hierbleiben würde, wie ich es gehofft hatte. War ich ein schlechter Mensch, wenn die Tatsache, dass mein Kind atmete, mich nicht so glücklich machte, dass ich nichts anderes begehrte? Aber wieso verlangte ich das überhaupt von mir? Das war doch Quatsch. Ich durfte doch wohl traurig darüber sein, etwas abzusagen, was mich begeistert hätte. Und Moment mal: Wieso eigentlich absagen? Sicher war bislang nur, dass ich Emmas Teilnahme absagen musste. Von meiner eigenen war doch noch gar nicht die Rede, oder?

Wenn Emma nicht mitreiste, hieß das nicht, dass ich absagen musste. Ich klammerte mich an diese Hoffnung. Aber wie sollte das konkret gehen? Ich bräuchte eine Komplettbetreuung. Wer sollte das bezahlen? Und was würde Alexander dazu sagen? Ich war völlig durcheinander. Alles in mir freute sich und rief Ja. Gleichzeitig kam es mir vor, als würde ich damit etwas Verbotenes, Unerhörtes planen, das man nicht einmal denken durfte. Die Gehirnwäsche zeigte ihre ersten Auswirkungen. Nie zuvor, seit Emma auf der Welt war, hatte ich mich so zerrissen gefühlt.

Alexander blieb cool. »Tolles Angebot«, meinte er, als ich ihm abends alles erzählte. Er grinste. »Du hast ja ganz rote Backen.«

»Hab ich nicht«, stritt ich ab.

Dann fragte er: »Aber was machen wir mit Emma? Also, zwei Wochen könnte ich bestimmt Urlaub nehmen, länger wohl kaum. Vielleicht können wir sie in den restlichen zwei Wochen bei deinen Eltern lassen?«

Ich starrte ihn an. Meine Eltern! Zwei Wochen! Auf die Idee war ich gar nicht gekommen. Schließlich stillte ich noch ... Was ja Quatsch war, denn wenn ich ohne Emma in der Mongolei wäre, müsste ich abstillen, und da konnten meine Eltern auch das Fläschchen geben.

»Wann soll der Dreh überhaupt sein?«, fragte Alexander mich.

»August«, sagte ich.

Da fing er zu lachen an, und ich kapierte überhaupt nichts. Endlich erklärte er mir: »Das ist mal wieder typisch, dass du das vergessen hast. Das sind doch ohnehin meine zwei Monate Elternzeit, Juli und August. Das ist gar kein Problem. Da bin ich doch da.«

Ich stieß einen Jubelschrei aus. Emma, die keine Ahnung hatte, worum es ging, fiel glucksend ein und strampelte begeistert los.

Elternzeit

An diesem Abend und den folgenden Tagen, als ich Dutzende von Mails mit der Produktionsfirma wechselte, liebte ich die Elternzeit. Doch was gut klingt, ist eine Mogelpackung. Denn die Elternzeit führt zu erheblichen finanziellen Einbußen, weil nur zirka 68 Prozent des Gehalts ausbezahlt werden, und im Folgejahr wird dieses »Geschenk« progressiv versteuert. Meine Steuerberaterin erklärte mir das Amtsdeutsch, und ich begriff wieder einmal, warum gewisse Dinge so kompliziert formuliert sind: Man soll sie nicht verstehen. »Sie dürfen als Mutter nebenher zwar arbeiten, aber das Einkommen wird Ihnen eins zu eins vom Elterngeld abgezogen.«

»Und was ist die beste Alternative?«, fragte ich.

»Nicht arbeiten«, sagte sie.

Doch ich wollte arbeiten. Und Alexander hatte Glück mit seiner familienfreundlich eingestellten Firma, in der er für zwei Monate Elternzeit nicht »bestraft« wurde. Mancherorts müssen Väter ihre Elternzeit regelrecht durchkämpfen, obwohl sie ein gesetzlich verbrieftes Recht darauf haben. Einige Väter werden bereits bei der Beantragung behandelt, als hätten sie ebenfalls den mindestens zehnprozentigen Intelligenzverlust erlitten, den Frauen nach der Geburt oder schon während der Schwangerschaft mutmaßlich erleiden. Väter im milchigen Dunstkreis der Elternzeit werden oftmals gemobbt. Sie sind keine ganzen Kerls, sondern Weicheier. Man kann ihnen keine wichtigen Projekte mehr anvertrauen. Bei einer Beförderung werden sie übergangen, schließlich haben sie deutlich gezeigt, dass eben nicht die bedeutungsvollen, zukunftsträchtigen, lukrativen Interessen der Firma an erster Stelle stehen, sondern Kinderkram.

Vielleicht auch aus diesem Grund entscheiden sich die meisten Väter für eine gerade mal zweimonatige Elternzeit. Das ist quasi ein Jahresurlaub mit Überstundenausgleich oder ein Bandscheibenvorfall mit anschließender Reha, also eben noch so zu verschmerzen, ohne dass ein neuer Mitarbeiter eingestellt werden muss, das können die Kollegen irgendwie stemmen. Die das allerdings nicht gerne tun, da geht es den Vätern in Elternzeit wie den Frauen im Allgemeinen, in denen laut mancher Arbeitgebermeinung ja die Bombe der Mutterschaft tickt. Zahlreiche Elternzeit-Väter sehen diese Wochen als eine Art Sonderurlaub. Es werden Verwandte besucht, die man schon lange mal sehen wollte, oder es wird gleich ein längerer Urlaub gebucht. Von Alltag mit dem Kind und Verantwortung für das Kind ist da nicht die Rede. Wir könnten die Zeit doch nutzen, das Haus umzubauen, Papi mit Maurerkelle, Mutti mit Milchbrei. Statt Wochenendpapi wie früher nun Kurzmalvollzeitpapi.

»Im Jahr 2006, vor Einführung des Elterngelds, nahmen keine 4 Prozent aller Väter eine Auszeit vom Job, inzwischen sind es rund dreißig Prozent«. Somit hat sich ihr Anteil in acht Jahren bis 2014 mehr als versiebenfacht. »Bei genauer Betrachtung stellt sich jedoch ziemlich schnell Ernüchterung ein«[6]: Gerade einmal 7 Prozent der Väter nimmt Elternzeit für ein ganzes Jahr.[7] Knapp 80 Prozent der Väter entscheiden sich für die kürzestmögliche Elternzeit – zwei Monate. »Insgesamt liegt die durchschnittliche Länge einer Väterzeit derzeit bei 3,2 Monaten.«[8] Schon ein Monat länger würde vielen Frauen helfen. Müttern fällt der Wiedereinstieg in den Beruf leichter, wenn ihr Partner mehrere Monate Elternzeit nimmt. Das ist nicht überraschend, denn nur wenn die Betreuung des Kindes gewährleistet ist, kann sich eine Frau auf ihren Beruf konzentrieren. Die Designerin Jette Joop plädiert in einem

Artikel mit der Überschrift »Deutschlands Haltung zu Kindern ist katastrophal« dafür, Männer zu loben: »Wenn ein Mann dann tatsächlich unterstützend ist, darf man als Frau auch nicht den Fehler wie Männer machen und sagen: Jetzt ist der aber langweilig geworden. Man muss bereit sein, Kompromisse auch zu schätzen. Dass man eben sagt: Okay, ja, toll, jetzt ist er doch ganz lieb mit den Hunden gegangen und hat eingekauft.«[9]

Ich kann mich im Vergleich zu anderen Frauen nicht beklagen, weil Alexander mich in der Kinderbetreuung unterstützt – wenn er nicht »mitspielen« würde, könnte ich zum Beispiel dieses Buch nicht schreiben, denn es betrifft ja auch ihn, der Emma übernimmt, während ich mit meiner Koautorin zusammensitze. Das rechne ich ihm hoch an und finde es gleichzeitig empörend, wie in unserer Gesellschaft auf Väter reagiert wird, die nur ein kleines bisschen mithelfen, im Vergleich zur Reaktion auf Mütter, die nur auf fast alles, nicht auf alles verzichten. Dieses *Fast* wird ihnen angekreidet, während die lieben Papas, die zum Beispiel ihren GANZEN FREIEN SamstagNACHMITTAG opfern, unangreifbar sind. Ich möchte mich nicht zufriedengeben damit, dass sich in den letzten Jahrzehnten schon so viel verändert hat. In den 1960er-Jahren, und das ist keine allzu ferne Vergangenheit, da gibt es Zeitzeugen zuhauf, drehten sich die Leute auf der Straße nach einem Mann um, der einen Kinderwagen schob.

Die armen Väter! Was haben sie alles versäumt. Manche haben es später ein bisschen nachgeholt mit ihren Enkeln, und ich habe Väter oft sagen gehört, dass sie gern mehr Zeit mit ihren Kindern verbringen würden. Das ist auch das Ergebnis fast jeder Umfrage, die durchgeführt wird: Die

Menschen wünschen sich mehr Zeit für die Familie. Familie sind Männer und Frauen, Mädchen und Jungs. Also nicht, dass mich jemand falsch versteht. Nicht die Ypsilons haben den schwarzen Peter und die Ixe die schwarze Petra. Väter haben es auch nicht leicht. Sie sollen ihrer Familie Sicherheit bieten, sie bespaßen, Kohle ranschaffen, Kontakte knüpfen, Räder und Computer reparieren, mindestens ein tolles Hobby haben und gleichzeitig immer für ihre Familie da sein. Und dann ist ja da noch die Kiste namens Beziehung. Die beiden Autorinnen Susanne Garsoffky und Britta Sembach bringen es in ihrem Buch des gleichnamigen Titels auf einen Nenner: *Die Alles ist möglich-Lüge.* Möglich wäre es vielleicht mit mehr als zwei Vätermonaten, Betreuungsplätzen für unter Dreijährige, Ganztagsschulen, Home-Office-Jobs und Jobsharing auch für Führungskräfte, flexibler Kinderbetreuung für Arbeitnehmer im Schichtdienst. Und für alle Eltern eine 32-Stunden-Woche.

Was für eine Gesellschaft wünschen wir uns? Wir sind es, die sie gestalten. Alle miteinander können wir eine freundlichere Gesellschaft prägen. Für uns alle, für unsere Kinder. Wenn ein Vater gern mehr Zeit mit seinen Kindern verbringen will, dafür aber im Job gemobbt wird, ist er in derselben Situation wie die Mutter, die gern weniger Zeit mit ihren Kindern verbringen will und als Rabenmutter gilt.

Es gibt Länder in unserer Nachbarschaft, in denen scheint das anders zu sein. Und auch in Deutschland tut sich ja etwas, wie eine Reportage im Arbeitgebermagazin *Faktor A* zeigt[10]: Bundesweit haben zwar nur rund sechshundert Unternehmen Betriebskindergärten eingerichtet. Aber wenn Unternehmen Frauen beides ermöglichen, Karriere und

Familie, »können sie mit motivierten, gut ausgebildeten und loyalen Mitarbeiterinnen rechnen.« Zwar mag der Organisationsaufwand höher sein – doch was spricht dagegen, dass mehrere Führungskräfte in Teilzeit für ein Projekt verantwortlich sind? Oder dass zu den Zeiten, in denen Kinder normalerweise aus dem Kindergarten geholt werden, keine Besprechungen mehr angesetzt werden? Und dass ein Mitarbeiter, der wegen eines kranken Kindes zu Hause bleibt oder früher nach Hause geht, sich immer mit einem guten Gefühl von den Kollegen verabschieden kann? Aber das ist noch zu wenig, um den Mutterfrieden zu gewährleisten – für den man im Moment noch auswandern müsste. Schweden oder Frankreich oder vielleicht auf einen bislang noch unentdeckten Planeten in unserer Milchstraße?

Es ist nicht alles Ramagold, was glänzt

Mir genügten meine Erdenkontakte für eine kleine private Umfrage in meinem Bekanntenkreis. Auf meinen Reisen habe ich unglaublich viele Menschen aus unzähligen Ländern kennengelernt – man tauscht Adressen und sieht sich vielleicht irgendwann wieder. Oder kriegt eine Mail mit einer komischen Frage von einer deutschen Bekannten, mit der man über Facebook in losem Kontakt steht: *Wie geht es dir, seitdem du Mutter bist? Wie läuft das in deinem Land mit der Kinderbetreuung?*

Das wollte ich von Schwedinnen und Französinnen wissen, denn in vielen Artikeln und Büchern wurden Schweden und Frankreich als gelobtes Land für Mütter bezeichnet.

Alma lebte in der Nähe von Ystad, das die meisten Deutschen seit Mankells Wallander kennen. Ihre Tochter war etwas jünger als Emma, sollte aber kein Einzelkind bleiben. Alma und ihr Mann planten Familienzuwachs, was sie nicht davon abhalten sollte, weiter als Bibliothekarin zu arbeiten. »Bei uns ist das so«, erklärte Alma mir. »Einen Kindergartenplatz bekommt jedes Kind, unsere Betreuungsangebote sind spitze, und die Eltern zahlen dafür«, sie rechnete die Währung flott um, »inklusive Verpflegung maximal 140 Euro im Monat. Du kannst dein Kind aber in der Regel nicht über Nacht dort lassen, sondern musst es spätestens um 22 Uhr abholen.«

»22 Uhr?«, rief ich. »In Deutschland haben viele Kindertagesstätten nur bis Mittag geöffnet! Ich selbst kenne nur einen einzigen Kindergarten, der bis halb sechs geöffnet ist.«

»Und wie macht ihr das dann?«, fragte Alma.

»Wir vierteilen uns«, erklärte ich.

»Und eure Männer?«, fragte sie.

Ich erklärte ihr die Elternzeit und fügte hinzu, dass nur knapp ein Drittel der Väter sie überhaupt beanspruchen, die Mehrzahl davon allerdings nur für zwei Monate.

»In Schweden gibt es das auch, und es wird von 80 Prozent der Väter und Mütter genutzt, allerdings meistens nur drei Monate.«

»Und wie viel macht das Elterngeld aus? Bei uns beträgt es 67 Prozent des Einkommens, bei einer Höchstgrenze von 1800 Euro monatlich.«

»Wir bekommen 80 Prozent des Einkommens für den Zeitraum eines Jahres, aber wir können das Elterngeld auch splitten, das heißt, dass Väter in Teilzeit gehen, drei Tage in der Woche arbeiten oder andere Modelle wählen. Das Elterngeld ist einkommensabhängig – dies soll gerade auch Väter motivieren, eine Babypause einzulegen.«

»Ich beneide dich«, gab ich offen zu. »Besonders wegen der Betreuungszeit bis in den späten Abend.« Und ich berichtete ihr vom Ehegattensplitting in Deutschland. Das fand Alma auch ungerecht und erzählte mir, dass die schwedische Regierung im Vergleich zur deutschen den Doppelverdienerhaushalt fördere, also die Partnerschaftlichkeit unterstütze, in der Vater und Mutter beide Vollzeit arbeiten und sich die Kinderbetreuung fair teilen. In Schweden gibt es keine Belohnung dafür, wenn ein Mann, der in der Regel mehr verdient als die Frau, arbeitet, und sie den Haushalt führt.

Alma beendete ihre Ausführungen in mitfühlendem Ton: »Ich weiß, dass es für deutsche Frauen viel schwerer ist. Wir in Schweden wundern uns manchmal, dass das fortschrittliche Deutschland dreißig Jahre hinter uns herhinkt, was soziale und Frauenfragen betrifft. Die Probleme, die ihr diskutiert, haben wir in den Siebzigerjahren angepackt und gelöst.«

»Keine Ahnung, warum das so ist«, skypte ich zurück.

»Ihr könnt nicht behaupten, es gäbe keine Vorbilder«, lachte Alma.

»Moment mal!«, rief ich. »Ich bin zwar Deutsche, aber damit habe ich nichts zu tun! Wenn es nach mir und vielen anderen Frauen und Familien ginge, wäre es längst anders.«

»Ich jedenfalls habe mir nicht die Frage gestellt, ob ich ein Kind kriege«, erklärte Alma, »sondern in welchem Land. Wie du weißt, war ich ja auch ganz schön viel unterwegs.«

»Ja, das kann man wohl sagen.«

»Und es erfüllt mich mit Stolz, dass mir mein Land die

besten Voraussetzungen für ein Leben bietet, in dem ich Familie und Beruf verbinden kann.« – »Vielleicht besuche ich dich mal«, sagte ich.

»Und dann heiratest du einen Schweden, und alles wird gut«, lachte Alma.

»Nein, dann wird nichts gut, dann komme ich hinter schwedische Gardinen wegen Vielmännerei!«[11]

Nun war ich neugierig, was meine französischen Informanten sagen würden, vor allem, als mir die französische Mutter eines Freundes erzählte, dass in Frankreich bis vorletztes Jahr der Mittwoch für Grundschüler prinzipiell schulfrei war. Das ganze Land richtete sich darauf ein, im Fernsehen wurden vermehrt Zeichentrickfilme gesendet. Mit elf Jahren hatten die Schüler nur noch einen freien Nachmittag, ab sechzehn Jahren gar keinen Werktag mehr frei. Und das sollte ein Traumland für Mütter sein? Was für ein Stress, wenn man sich jeden Mittwoch um die Kinderbetreuung kümmern musste! Vielleicht wurde der freie Mittwoch deshalb 2014 abgeschafft. Offiziell hieß es, so erzählte mir Michelle, dass das besser für die Grundschüler sei, die den Schulstoff dann an fünf, nicht an vier Tagen lernen müssten.[12]

Französische Mütter scheinen insgesamt und trotz dieses Mittwochs weniger Stress zu haben als deutsche – sie bekommen mehr Kinder, obwohl sie nicht weniger, sondern mehr arbeiten.[13]

Zwar ist die Zahl der berufstätigen Frauen in etwa gleich, doch die Französinnen arbeiten meistens Vollzeit, nicht Teilzeit, wie die deutschen Mütter. Aber die Französinnen brauchen auch keinen halben Tag, um Rabenmutterflecken von ihren weißen Westen zu schrubben, die Rabenmutter ist dort als Gattung unbekannt, und das sorgt für Entspannung und trägt bei zum angenehmen französischen Lebensgefühl. Als es Mitte der Siebzigerjahre einen Arbeitskräftemangel in Frankreich gab, mussten die Mütter ran, die ja wiederum nur zupacken konnten, wenn die Kinder gut versorgt waren. Von diesen groß angelegten Programmen profitieren die Frauen noch heute. Es ist ein bisschen wie in Schweden: Deutschland hat diesbezüglich den Anschluss verpasst. Was nur schwer nachzuvollziehen ist, wo wir doch sonst so gern eine Vorreiterrolle spielen. Womöglich sind aber die deutschen Männer in Entscheiderpositionen weniger flexibel als ihre französischen und schwedischen Kollegen. Oder es gibt in diesen Ländern mehr Frauen an Schlüsselstellen – die auch entsprechend gut bezahlt werden.

In Frankreich besuchen die meisten Kinder im Alter zwischen drei und sechs Jahren die Vorschule. Die Betreuung in dieser École maternelle ist in der Regel kostenlos. Trotzdem schlägt die Kinderbetreuung auch in Frankreich gehörig zu Buche. Aber vielleicht können sich die Franzosen das leisten, wenn so viele Mütter Vollzeit berufstätig sind. Krippen für Kinder unter drei Jahren sind teuer in Frankreich, sie kosten um die 50 Euro pro Tag! Dafür haben sie von 7 bis 19 Uhr geöffnet. »Fast 90 Prozent aller Französinnen mit einem Kind arbeiten, auch wenn es jünger als drei Jahre ist.«[14] So spielen Tagesmütter eine wichtige Rolle im französischen Kinderbetreuungssystem. Häufig kommt die Tagesmutter in die Wohnung einer Familie und betreut die Kinder dort; oft schließen sich mehrere Familien zusammen und engagieren eine Tagesmutter. Diese bequeme Betreuung hat einen hohen Preis. Betreut die Tagesmutter ein Kind in der eigenen Wohnung, muss mit mindestens 600 Euro monatlich gerechnet werden,

werden mehrere Kinder in der Wohnung eines der Kinder betreut, entspricht dies einer Vollzeitstelle mit bis zu 2500 Euro Gehalt monatlich.[15]

Es gibt noch viele andere Unterschiede, die allerdings oft nur kurzzeitig bestehen. Denn nicht nur Deutschland ringt um eine Verbesserung der Kinderbetreuung.

Ich kam zu dem Schluss, dass nicht alles Gold ist, was glänzt. Es gibt sicher gute Seiten am System der Kinderbetreuung in Deutschland, aber eben auch noch sehr viel zu optimieren. Deshalb verstehe ich nicht, warum wir nicht mal bei anderen in den Topf gucken. Stattdessen schalten wir den Herd an und dann wieder ab – Stichwort Herdprämie.

Fürsorge mit Widerhaken

So verständnisvoll wie Alexander, der mich bei dem Auftrag der Produktionsfirma unterstützen wollte, reagierten die wenigsten in meinem Umfeld. Obwohl nun eigentlich alles geklärt war – der Dreh würde während Alexanders zweimonatiger Elternzeit stattfinden –, musste ich mich ständig rechtfertigen, gerade so, als wäre Emma bei Alexander nicht gut aufgehoben – bei ihrem Vater! Nach einer Weile merkte ich, dass es um etwas anderes ging. Weniger die Betreuung Emmas stand im Vordergrund, als meine angebliche Herzlosigkeit, die mir niemand direkt vorwarf, sondern stets wohlmeinend verpackt.

Aber wirst du Emma da nicht wahnsinnig vermissen?

Ich glaube, dazu werde ich wenig Zeit haben.

Glaubst du, es ist gut, wenn sie so lange von ihrer Mutter getrennt ist?

Alexander ist doch da.

Du wirst dann wohl abstillen müssen. Hm. Ob das so gut ist?

Ich habe dann knapp zehn Monate gestillt, also deutlich länger als der bundesdeutsche Mutterdurchschnitt.

Kann denn irgendein Job wichtiger sein als dein Kind? Ich meine, hast du das noch nötig?

Es ist nicht irgendein Job. Ich werde zwischendurch auch Freunde treffen, die ich lange nicht mehr gesehen habe.

Ihr seid wohl auf das Geld angewiesen, das tut mir wirklich leid, dass du deswegen Emma im Stich lassen musst.

Hallo?! Ich lasse sie nicht im Stich. Ich habe einen Job angenommen, und ihr Vater wird sich um sie kümmern.

Und wenn dir was passiert? Wenn du krank wirst?

Hier kann mir auch was passieren.

Ob Alexander da nicht ein bisschen überfordert ist?

Ich glaube, er freut sich, mal mit Emma allein zu sein.

Eines Tages fiel mir auf, dass so gut wie niemand sagte: *Toll, dass du das machst. Toll, wie ihr das organisiert. Toll, dass du den Mut hast, das zu wagen.*

Nein, alle fanden die Idee abwegig und hatten Bedenken. Weil ich mein Kind im Stich ließ. Merke: Als Mutter darfst du nur dich selbst, keinesfalls dein Kind vernachlässigen. Wenn du Glück hast, geschieht das niemals, weil das Kind deine Erfüllung ist. Es kann aber nicht jede Mutter rund um die Uhr Glück haben. Tief in mir drin verspürte ich eine Müdigkeit, weil ich immer wieder und wieder dasselbe erklären musste, mich für etwas rechtfertigte, das für mich nicht den geringsten Grund zu einer Rechtfertigung darstellte, schon gar nicht bei mehr oder weniger fremden Leuten, die sich, nebenbei bemerkt, alle als modern, trendig, fortschrittlich und hipp einstuften. Aber ich hatte immer das Gefühl, ich müsste mein Verhalten erklären. Niemand sollte unterstellen, Emma habe eine schlechte Mutter. Was mir überhaupt nichts ausmachte, war die Wendung, Sarah sei keine Bilderbuchmutter. Ganz schön verrückt, das Ganze. Genauso verrückt wie die Tatsache, dass ich mein Kind über alles liebte und die Mutterschaft bereute. Aber vielleicht stand ich wirklich schon mit einem Fuß in der Klapse.

»Leute!«, wollte ich in die Welt rufen. »Alles, was ich mir habe zuschulden kommen lassen, ist, ein Kind zu kriegen und es so gut wie möglich groß werden zu lassen. Können wir jetzt bitte zur Tagesordnung übergehen und uns um die wirklich wichtigen Dinge kümmern? Ich hätte da nämlich noch einige dringende Telefonate zu führen.«

Ich weiß, dass der Vergleich hinkt, aber ein bisschen kam mir das Ganze manchmal vor wie bei einem Todesfall, wenn sich die allerliebsten Verwandten als geldgierige Raffzähne herausstellen. So was hört man ja öfter. Ich hätte auch niemals gedacht, dass einige meiner ach so coolen Freunde und Bekannten sich dergestalt entpuppen würden, als ich Mutter wurde, und sich in spießigen Verhaltensregeln übertrafen. Unvergessen ist mir die Stornierung eines Treffens mit einer Bekannten, die mich eine Stunde vor unserer Verabredung um 13 Uhr anrief und sich bei mir entschuldigte, weil sie mich in die Bredouille dieser Uhrzeit gebracht hätte, wo doch jeder wüsste, dass Kinder da Mittagsschlaf hielten. Als ich ihr versicherte, dass Emma überall schlafen könne, hörte ich an ihrer Stimme, dass es sie entsetzte, was ich meinem Kind abverlangte, dem ich mit meinem Egoismus das eigene Bettchen raubte. Die Einzige, die normal geblieben zu sein schien, war ich selbst. Wenn es mich überhaupt noch gab. Womöglich hatte ich einen persönlichen Todesfall zu beklagen und das nur noch nicht mitgekriegt vor lauter Rechtfertigungen.

Zu dieser Zeit trat Alexander eine Dienstreise an. Dabei fiel mir auf, dass niemand ihn fragte, wie er damit zurechtkomme, seine kleine Tochter einige Tage nicht zu sehen. Eine Mutter, die eine Dienstreise unternimmt, wird zuerst gefragt: Wo ist dein Kind? Wer kümmert sich? Wenn die Frau dann antwortet, dass der Vater sich kümmert, steigt dessen Ansehen raketenartig, während das der Mutter in derselben Geschwindigkeit in den Keller rauscht. Erklärt sie gar, dass das Kind bei Freunden übernachtet, dann wird sie als Rabenmutter abgestempelt. Je klarer mir dieser Widerspruch zwischen Wirklichkeit und Märchen wurde, desto verrückter fand ich ihn, denn die Mehrheit der Eltern leidet doch auch unter den Bedingungen, hat aber offenbar noch immer genug Energie, sich über andere aufzuregen. Manchmal hatte ich das Gefühl, sie brauchten genau das, wie eine Art inneres Kraftwerk. Abstempeln als Aggressionsabfuhr und Frustrationsbewältigung. Was für eine Energieverschwendung.

Ich für meinen Teil schüttelte mich wie ein nasser Hund und ließ solche Bemerkungen an mir abperlen. Doch dann wurden die wirklich fiesen abgeschossen, die mit den Widerhaken. Auf den ersten Blick flauschig, umwickelt mit Fürsorge und gut gemeint, sodass ich mich nicht dagegen wehren konnte und es zu spät merkte – als sie schon in meinem Fleisch steckten.

Du wirst viel verpassen, wenn du in dieser Zeit nicht da bist. Das ist eine enorm wichtige Phase in der Entwicklung des Säuglings. Emma wird sitzen lernen. Willst du das wirklich? Nicht dabei sein, wenn deine einzige Tochter sitzen lernt?

Nein, natürlich wollte ich das nicht. »Alexander kann Emma filmen«, schlug ich vor, noch immer vor allem darum bemüht, Lösungen zu suchen.

Doch dann merkte ich, dass es gar nicht darum ging, Lösungen zu finden, sondern der Rabenmutter die Flügel zu stutzen, damit sie nie wieder wegflog und endlich dort blieb, wohin sie gehörte: im Nest.

Ich fragte mich, ob ich es psychisch und physisch aushalten würde, nicht dabei zu sein, wenn Emma sitzen lernte. Wie ging es all den Vätern, die nicht anwesend waren, wenn ihre Kinder die ersten Schritte machten oder was auch immer? Ich habe vorhin die skandalösen männlichen Kinderwagenschieber der Sechzigerjahre erwähnt. In jener Zeit war es auch nicht die Regel, dass Väter bei der Geburt oder am Einschulungstag dabei waren. Das alles war Frauensache, Muttersache. Die Elternabende in der Schule hätten ebenso gut Mütterabende heißen können. Mütter waren für die Kinder verantwortlich wie Väter für die Autos. Oder hat mal ein Zeitzeuge samstags eine Frau beim Autowaschen erblickt?

Wahrscheinlich hätten Chefs dröhnend gelacht, wenn ein Vater damals um einen freien Tag gebeten hätte, weil sein Kind eingeschult wurde. Und trotzdem haben es die Kinder und die Väter überlebt, und aus vielen Kindern ist auch was geworden, wie es so schön heißt. Also würde ich, die ich, wie gesagt, ein Schafauge gegessen und von Piraten gekapert worden war, es wohl schaffen, lediglich passiv dabei zu sein, wenn meine Tochter sitzen lernte. Ich würde mir diesen bedeutenden Moment auf Video ansehen, vorausgesetzt, es gelang Alexander, ihn zu filmen, denn wenn Emma ohne Zeugen sitzen lernte, würde ihm die Premiere ja auch entgehen, und es fragte sich, ob ihr zweites oder drittes Sitzen, selbst wenn es exakt so aussah wie das erste, ebenso viel bedeutete. Alexander könnte dieses zweite oder dritte Sitzen filmen, von dem er womöglich gar nicht wüsste, dass es nicht das erste wäre, und es vor mir wissentlich oder unwissentlich als das erste ausgeben. Ich würde den Betrug nicht merken, der, wenn vorsätzlich begangen, eine Liebeserklärung wäre, weil Alexander mich nicht nur als Mutter, sondern auch als Frau unterstützte. Ich persönlich fand das Laufenlernen ehrlich gesagt wichtiger, doch das behielt ich für mich. Ich hatte inzwischen oft genug erfahren müssen, dass es angenehmer für mich war, nicht alles so frei herauszuposaunen. Das Thema Kind war ein Minenfeld, und wenn ich eine flapsige Bemerkung machte, dann musste ich hinterher weitschweifig erklären, wie ich sie eigentlich gemeint hatte. Gut, dass es draußen noch so kühl war. Unter der Jeans sah niemand meine schwarzen Rabenmutterbeine, sie reichten jetzt schon bis zu den Knien.

»Du kannst nicht an allen Fronten gleichzeitig kämpfen«, hörte ich einmal und dachte: Ja genau, Fronten. Entweder-oder.

»Du hast dich für ein Kind entschieden«, wurde ich tatsächlich erinnert, und zwar von einer Person, der so etwas überhaupt nicht zustand. Und sie lud nach: »Jetzt musst du mit dieser Entscheidung fertigwerden und verzichten lernen.«

»Ich dachte, Muttersein bedeutet Zugewinn, Glück und goldgelbe Eierkuchen von morgens bis abends«, versuchte ich einen Witz.

»Du wirst auch noch in der Realität ankommen«, hörte ich und schaute in ein galliges Gesicht, das sich bitter verzog in dem angestrengten Bemühen, Mitgefühl zu heucheln. Was für ein Teufel ritt mich da? Warum blieb ich nicht bei meiner bewährten Strategie, sagte jaja, suchte das Weite und dachte mir meinen Teil? Zum Beispiel, dass die betreffende Mutter eines Dreijährigen neidisch auf mich war, weil ich bewies, dass es nicht nur Entweder-oder, sondern auch Sowohl-als-auch gab? Nein, ich antwortete: »Ich bin bereits in der Realität angekommen, und wenn ich gewusst hätte, wie sie aussieht, hätte ich mich in der Kinderfrage anders entschieden.«

Meinem Gegenüber blieb der Mund offen stehen. Ich würde gern schreiben, dass ich in ein Loch aus schwarzen Zahnstümpfen blickte. Doch es war ein sehr gepflegtes Gebiss, sicher teuer und natürlich gebleicht, alles weiß, alles rein. Nur ich nicht, ich und meine Rabenmutterbeine, jetzt schon übers Knie. In diesem Moment fiel mir mein Freund Schantalle ein, der mir bei seinem letzten Besuch eine CD mit Kinderliedern vom Flohmarkt mitgebracht hatte. Er bestand darauf, sie mit mir und Emma anzuhören. Seither habe ich ein Lied im Ohr. Ich schaute der Frau mit dem gesunden Gebiss in die Augen und stellte den Ton laut: »Wippe wappe, auf und nieder. Wippe wappe, immer wieder. Wippe wappe wupp. Wippe wappe, bin ich oben. Wippe wappe, bist du unten. Wippe wappe wupp. Wippe wappe, bin ich unten. Wippe wappe, bist du oben. Wippe wappe wupp.«

Und dann ließ ich sie einfach stehen. An der nächsten Ecke rief ich Schantalle an, der mich für meine Geistesgegenwart und Gesangskünste lobte – ich sang nämlich munter weiter – und hervorhob, dass ich die Dame mehrfach ausgehebelt hätte, denn ich hätte eindrucksvoll unter Beweis gestellt, dass ich als Mutter vollkommen verblödet sei und mir, wenn überhaupt, gerade noch einen Kinderreim merken konnte. Denn: »Heißt es nicht wappe wippe statt wippe wappe?«, fragte Schantalle gespielt streng.

Ich wollte sofort alle Kinderlieder auf der CD auswendig lernen und sie nicht nur Emma vorsingen, sondern allen, die mir blöde Fragen stellten. Meine mongolischen Freunde sangen ihren Kindern ständig vor, vielleicht gehörte das zu den Geheimnissen einer glücklichen Kindheit? Moment mal, rief ich mich zur Ordnung. Deswegen hast du doch die CD, damit du nicht selber singen musst! Aber wenn ich singen würde, dachte ich, das wäre doch etwas ganz anderes, weil Emma dann meine Stimme hören würde, nicht irgendeine fremde. Ich könnte doch ganz anders singen, also emotionaler, mit mehr Liebe und so. Dann musste ich schallend lachen. Die Vorstellung, dass ich Wippewappe singend durch die Wohnung lief, damit Emma merkte, dass ihre Mama keine Rabenmutter war, die eine CD abspielte, sondern sie wirklich lieb hatte, weil sie nämlich sang, von morgens bis abends, Wippewappe ... das war zu komisch. Und es würde auch nicht funktionieren. Ich könnte diese albernen Lieder nicht mit Liebe singen, ich sang sie nämlich nicht gern, und es kam ja wohl vor allem darauf an, dass man das, was man mit seinem Kind machte, gern tat. In diesem Augenblick wollte ich nicht darüber nachdenken, dass es nicht allzu viel gab, was ich bei der Kinderversorgung wirklich gern machte. Dazu war Emma vielleicht noch zu klein. Wenn sie erst mal reden könnte, würde das bestimmt besser. Im Moment sah ich mich stellenweise von Alltagspflichten umzingelt. Vielleicht freute ich mich auch deswegen so unbändig auf die Mongolei. Endlich mal raus! Doch tief in mir drin hörte ich eine Stimme, die mich dafür verurteilte. *Eine gute Mutter will nicht weg von ihrem Kind. Eine gute Mutter leidet unter der Trennung von ihrem Kind. Eine gute Mutter darf sich schon mal was gönnen, das ist wichtig zum Ausgleich, aber in Maßen. Eine gute Mutter bedauert den Verzicht nicht, den ihr ein Kind aufbürdet, ganz im Gegenteil. Für eine gute Mutter ist ein Kind allzeit eine Bereicherung.*

Die Schwärze hatte meine Oberschenkel erreicht.

Am ärgerlichsten fand ich, wie viel Zeit das alles kostete. Statt mir konstruktive Gedanken darüber zu machen, wie ich den bevorstehenden Job anpacken wollte, beschäftigte ich mich mit so einem destruktiven Mist. Ich konnte doch nichts an der Situation ändern. Es brachte nichts, wenn ich hin und her überlegte, wie ich mich anders verhalten sollte oder, noch idiotischer, hätte verhalten sollen. Als Mutter, das hatte ich kapiert, begeht man eine Unterlassung nach der anderen – und sie verjähren nie. Selbst achtzigjährige Mütter bekommen von ihren fünfzigjährigen Kindern noch Klagen zu hören, an deren Ursachen sie sich schon längst nicht mehr erinnern. Das Gedächtnis mancher Kinder kennt keine Gnade. Und einige von ihnen machen ihre Eltern und vor allem die Mütter lebenslänglich für ihr Scheitern verantwortlich. Auch das könnte mir passieren. Emma könnte mir eines Tages vorwerfen, dass ... ja, was? Würde sie wirklich jene Dinge aufzählen, die ich selbst gern besser gemacht hätte? War es nicht vielmehr so, dass Eltern oft etwas angekreidet wurde, was diese gar nicht als Unterlassung wahrgenommen hatten? Wie sollte ich vorbeugen? Wenn ich das überhaupt wollte, denn Vorbeugen bedeutete schon wieder, meine gerade Haltung zu verlassen. Ich würde mich für Emma vorbeugen und gekrümmt durch die Gegend laufen – damit niemand die schwarzen Flecken auf meinen Oberschenkeln sah. Man gibt sein Bestes als Eltern, und was dabei rauskommt, ist Schicksal. Und wie heißt es so schrecklich: Kleine Kinder, kleine Sorgen, große Kinder, große Sorgen. Da konnte noch einiges auf mich zukommen.

Ich glaube nicht an die Berechenbarkeit von Biografien, dazu kenne ich zu viele gescheiterte Existenzen aus besten Familien – und auch das Gegenteil. Ich wollte mich nicht ständig mit Eventualitäten beschäftigen oder darüber nachdenken, was ich wann wie hätte besser machen können. Emma war noch kein Jahr alt, und ich konnte jetzt schon eine Liste von

Unterlassungen erstellen – womöglich die falschen. Ich hätte viel mehr vorsingen müssen. Und womöglich ruhiger sein. Bestimmt hatte ich psychologische Fehler zuhauf gemacht. Leider wusste ich nicht, welche. Aber die würden sich finden. Sollte ich mich schon mal um einen Therapieplatz für Emma bemühen? Wenn die so selten zu kriegen waren wie Krippenplätze, war das vielleicht keine schlechte Idee? Und was war mit dieser Studie, von der ich in einer Zeitung gelesen hatte, dass Intelligenz in den ersten beiden Jahren geprägt wird? Für den Erfolg in der Schule sei die Zeit vor der Schule ausschlaggebend. Um Gottes willen. Nun war schon ein Viertel dieser Zeit rum, und was hatte ich getan? Nichts! Ich konnte froh sein, wenn Emma kein Ritalin brauchte! Bei so einer Mutter! Der fiel nun ein schiefer Turm auf den Kopf, denn in der PISA-Studie nistete ein Rabenpärchen. Gnade! Ich wollte einfach nur mit meinem Kind leben und wippe wappe den Alltag wuppen.

Rabenmütter gehören zu den Vögeln

Darf man Männer und Frauen überhaupt mit demselben Maß messen? Nein, man muss: Sie sind im Grundgesetz gleichgestellt. Und trotzdem sind Frauen in vielen Bereichen gegenüber Männern benachteiligt und verdienen auch deutlich weniger, nämlich durchschnittlich 22 Prozent, auch wenn sie dieselbe Tätigkeit in derselben Zeit und Qualität mit derselben Ausbildung verrichten. In Führungspositionen verdienen Frauen im Durchschnitt sogar 28 Prozent weniger als Männer in einem vergleichbaren Job, wobei der Frauenanteil in den Vorständen der 30 DAX-Unternehmen beschämende 6,3 Prozent beträgt.[16]

Was im Übrigen nicht nur Frauen empört, sondern zunehmend auch Männer. Aber wohl noch zu wenige, sonst hätte sich längst was getan. Würden vor allem Männer unter fehlenden Kitaplätzen leiden, gäbe es das Problem nicht mehr, sondern in jeder Firma Kinderbetreuung. Leider haben die Betroffenen, die Frauen, keine Zeit, für ihre Forderungen auf die Straße zu gehen, sie sind mit Kinderkram beschäftigt, und zwar häufig bis zur Erschöpfung. Das Müttergenesungswerk bezeichnet die Gesundheit vieler Mütter als anhaltend kritisch: Jede fünfte Mutter in Deutschland müsste eigentlich sofort zur Kur. Die größten Belastungsfaktoren stellen der ständige Zeitdruck und die berufliche Belastung dar. Aber auch »mangelnde Anerkennung für die familiäre Leistung der Frauen« erzeuge Druck – der sich auch auf die Gesundheit der Kinder niederschlage.[17]

Zur Gleichberechtigung gehört eben auch das Ansehen, das eine Mutter in einem Land genießt. Wird ihr Job als wertvoll erachtet oder ist er so minderwertig, lächerlich geradezu, dass sie »nebenbei« Vollzeit arbeiten muss, um sich den Respekt der Gesellschaft zu verdienen, die sie dann aber dafür angreift, weil sie nicht zu Hause bei ihrem Kind bleibt? Recht machen kann es nur die Mutter, die sich mindestens zweiteilt, das hatten wir schon. Aber ob ihr Mann dann noch zufrieden ist? Also dreiteilen. Und ein Privatleben oder hin und wieder mal Freizeit möchte man ja auch. Vierteilen. Endlich begriff ich, warum so viele Frauen so dünn waren – alles halbe und viertel Portionen. So wie ich. Auch wenn man es mir äußerlich nicht ansah. Doch von meinem früheren Leben war vieles weggebrochen, was mir besonders gut geschmeckt hatte. So richtig das pralle Leben kannte ich gar nicht mehr. Es gab – im übertragenen Sinne und um im Bild zu bleiben – keinen Schweinsbraten mit Knödeln mehr für mich. Mir standen eine dünn geraspelte Karottenscheibe auf einem Salatblatt und hin und wieder ein Kinderteller zu.

Da wünscht man sich eine glückliche Familie, und wenn man Pech hat, steht man vor einer gescheiterten Beziehung und ist lebenslänglich an ein Kind gebunden. Das man zwar über alles liebt, doch leider führt genau diese Liebe in ein Leben, das einer Hetzjagd gleicht – es bleibt kaum Zeit für genau jene Momente, von denen manche Frauen in der Schwangerschaft geträumt haben. Der Reiz des Kinderkriegens liegt auch darin, aus der Zeit fallen zu dürfen. Mal fünfe gerade sein zu lassen. Kinder leben nicht nach der Uhr. Kinder sind einfach da und haben *jetzt* Bedürfnisse. Wenn wir uns darauf einlassen, kann das ziemlich glücklich machen. Doch leider ist es in unserer heutigen Zeit kaum möglich, weil wir ja auch im Familien- und Privatleben glauben, funktionieren zu müssen wie in der Firma. Ich kenne Mütter, die torkeln morgens um acht schon an einem Nervenzusammenbruch entlang, weil sich ihr Kind vielleicht nicht anziehen lassen oder sich selbst anziehen will. Oder nicht ordentlich isst. Wobei ordentlich fast immer hurtig heißt. Um es trotzdem noch pünktlich zum Job zu schaffen, müsste die Mutter den Wecker auf 5 Uhr morgens stellen. Aber ob sie dann wach genug wäre, ein paar der schönen Momente zu ernten, die ihr über all die Entbehrungen hinweghelfen sollen?

Nein, so hatte ich mir das alles nicht vorgestellt. Mit harten Zeiten hatte ich natürlich gerechnet, aber niemals hätte ich geglaubt, dass es so stressig werden würde – was mich erst recht stresste, weil ja alles unbedingt schön sein sollte. Für Emma.

Ich weiß nicht, wie mein Leben aussähe, wenn ich meine Emma vor dreißig Jahren geboren hätte, als es im Supermarkt noch einen Menschen gab, der für die Leergutannahme zuständig war, keinen Automaten. Als es bei der Sparkasse noch Menschen gab, die meinen Überweisungsträger ausfüllten, keinen Serviceautomaten. Als die Mangelerkrankung Zeitnot noch nicht so verheerende Wunden in unser Wohlbefinden geschlagen hatte und To-do-Listen nur von Managern, nicht von Privatpersonen geführt wurden. Ich und mein Kind auf einer Wiese unter einem Baum, Ameisen beobachten. Mein Kind und ich, baden, kuscheln, Quatsch machen. Völlig entspannt den Sekunden und Minuten beim Verrinnen zusehen. Mein Kind, mein Mann und ich: Wer kann die Zunge am weitesten rausstrecken? Familienausflüge statt Kindübergabe und Termincheck: Kannst du am Montag früher nach Hause kommen, da muss ich weg, dafür bringe ich sie Dienstag zur Tagesmutter, Mittwoch müssen wir für den Kindergarten vorkochen, ich nehm sie dir Donnerstag ab, kann aber nur eine halbe Stunde – wir müssen jemanden fragen, vielleicht hat deine Schwester Zeit? Kindermanagement eben. Völlig normaler Elternalltag. So hatte ich mir das nicht vorgestellt. Das würde alles noch auf mich zukommen, wenn ich wieder voll in den Job einstieg. Ich wollte nicht mal im Traum dran denken, wie ich das schaffen könnte, wenn ich alleinerziehend wäre. So schlimm kann kaum eine (gewaltfreie) Beziehung sein, dass man sie wegwirft für den Horror, als berufstätige Mutter alleinerziehend über die Runden zu kommen. Zumal man dann ja ein Abo auf die Rabenmutter hat. Da kommst du nicht mehr durch auf schwarzen Beinen, da fleckt es mindestens über den Bauch, und allmählich kannst du dir darüber Gedanken machen, wie du dein Gesicht verbirgst, denn man wird es dir ansehen. Wächst dir schon ein Schnabel? Und in jede Falte wird es geprägt sein und matt aus deinen müden Augen schimmern: Ich bin eine Rabenmutter. Als solche würde ich immer kleiner werden, schrumpfen von Woche zu Woche. Solange gesellschaftlich kein Wandel passiert, das heißt zum Beispiel Aufwertung der Mutterschaft einerseits, andererseits Kinderbetreuung in Firmen und Krippenplätze für alle, so lange kann man Frauen mit dem Rabenmutterkomplex klein halten. Wenn sie sich im Unrecht fühlen, unzulänglich oder als Versagerin, werden sie nicht aufbegehren, sondern die Schultern noch mehr krümmen, den Kopf senken und ganz still sein, zumal sie ja von Vater Staat unterstützt werden, der einspringt, falls der leibliche Vater sich in Luft aufgelöst hat. Die Schrumpfung wird auch nicht aufhören, wenn eine Mutter zu Hause bleibt. Da wechselt sie bloß die Vogelart vom Raben zur Glucke. Das ist genauso verwerflich, wenn auch nicht wegen Vernachlässigung, sondern wegen Überbehütung.

Glückliche Glucken?

»Gut jede zehnte Mutter mit festem Partner kehrt in den ersten Jahren nach der Geburt zunächst nicht in den Beruf zurück« und plant es auch nicht. »In 15 Prozent dieser Fälle ist dies darauf zurückzuführen«, dass allein der Mann für den Lebensunterhalt aufkommt, der meistens Vollzeit in einem gut bezahlten Beruf tätig ist.[18]

Für ihr Daheimbleiben erhalten diese Mütter mancherorts gesellschaftlichen Zuspruch, sie sind die Guten, wer sein Kind in die Krippe verbannt, um arbeiten zu gehen, hat keins verdient. Es gibt aber auch Stimmen, die genau das Gegenteil behaupten: Ist es nicht total rückschrittlich, altmodisch, miefig, »nur Mutti« zu sein? Meiner Meinung nach ist es total rückschrittlich, altmodisch und miefig, wenn man Müttern verwehrt, selbstbestimmt zu entscheiden. Theoretisch haben wir die Wahl, praktisch nicht. Und je nachdem, in welche Fänge die Mutter gerät, wird ihr Verhalten, das, wie wir wissen, niemals das richtige sein kann, an den Pranger gestellt. Doppelt fies wird die Sache, weil ja jede Seite die Wissenschaft für sich reklamiert. Studien haben ergeben, dass Kinder von berufstätigen Müttern – oder eben Vollzeitmüttern – glücklicher sind. Frühkindliche Bildung gegen frühkindliche Bindung. Was bleibt da noch übrig, als sich geduckt zurückzuziehen.

Ach, wie gern wär ich manchmal eine Glucke gewesen. Am liebsten mit Häuschen auf dem Land und Kräutergarten. Aber bei mir reichte es ja nicht mal zu Frischkräutern im Plastikblumentopf vom Tengelmann. Dabei wäre alles so viel einfacher, wenn ich mich ganz und gar in die Mutterschaft hätte hineinfallen lassen können, wenn mich Muttersein als Lebensaufgabe ausgefüllt hätte. Ich kokettiere nicht! Denn auch als Mutter mit Leib und Seele wäre ich Angriffen ausgesetzt, die würden halt dann anders klingen. Ich wäre faul, unemanzipiert, blöd, würde meinen Mann ausnutzen, mir einen schönen Lenz machen und meinen Kindern die Chance nehmen, in der Kita multikulti aufzuwachsen. Und mit dieser Haltung repräsentiere ich vielleicht sogar die Mehrheit, die einerseits beklagt, dass wir viel zu wenige Kinder haben, andererseits den Mutter-Job mit Häme und Spott der Lächerlichkeit preisgibt.

Ach, wär ich doch so eine Mami aus Begeisterung! Es

hätte ja sein können! Ich habe das oft erlebt, dass Frauen, die im Job ihr Ding durchzogen, sich extrem veränderten, wenn sie Kinder bekamen. Was sie heute machen, weiß ich nicht, denn wir haben den Kontakt verloren. Schon seltsam, dass man in einer Stadt, manchmal sogar in einer Straße, und gleichzeitig auf zwei verschiedenen Planeten wohnen kann. Und ich habe nicht mal gültige Papiere, um sie zu besuchen. Ich bin eine Schwarzwohnerin auf dem Frauenplaneten, wo ich doch längst auf den Mutterstern gehöre.

Ich glaube, ich gehöre nirgendwo hin. Da ist es manchmal verdammt einsam. Deshalb stelle ich mir das so toll vor: Von Muttergefühlen durchströmt zu sein, von morgens bis abends zu wissen, dass meine Entscheidung für ein Kind die richtige war, Ja zu sagen zu meinem Leben, so wie es jetzt ist, und nicht zu kämpfen. Und es wäre mir egal, wenn mich dann alle für blöd halten würden, denn als moderne Mutter darf man sich das nicht überall anmerken lassen, dass man zerfließt vor Liebe, das wäre so uncool, so altmodisch, so völlig daneben und echt nicht mehr gesellschaftsfähig. Die sogenannten Karrierefrauen, die auch nichts anderes machen als viele Männer, bringen sich womöglich gar nicht erst in die Situation, sich vom Mutterglück wegspülen zu lassen. Wobei der Vergleich mit den Männern hinkt: Die bleiben einfach Männer. Karrieremänner – den Ausdruck gibt es nicht.

Die Statistiken über die kinderlosen Akademikerinnen sprechen eine deutliche Sprache. Kluge Frauen schauen sich die Kinderfrage nicht im Konjunktiv, sondern im Indikativ an und entscheiden sich immer häufiger gegen ein Leben mit Kindern. »In den alten Bundesländern erreichte 2012 die Kinderlosenquote bei Akademikerinnen zwischen 45 und

49 Jahren mit 30 Prozent einen neuen Höchststand.«[19] Der Anteil der Frauen mit einem akademischen Abschluss ist in den letzten Jahrzehnten übrigens stark gestiegen. »Während er bei den Jahrgängen 1937 bis 1942 lediglich 9 % betrug, hatte bei den zwischen 1968 und 1972 geborenen Frauen bereits jede fünfte einen akademischen Bildungsabschluss«[20], was 20 Prozent der Frauen entspricht.

Laut dem Bundesinstitut für Bevölkerungsforschung verzichten jeder vierte Mann und jede siebte Frau in Deutschland bewusst auf Nachwuchs – und die Tendenz zur Kinderfreiheit steigt.[21] Bedenkt man, dass die Fruchtbarkeit einer Frau ab dem 25. Lebensjahr abnimmt, also dann, wenn sie dabei ist, ihre Ausbildung zu beenden, die ersten Sprossen auf der Karriereleiter zu nehmen, wird deutlich, dass da etwas nicht zusammenpasst. Aber man kann jetzt ja Eier einfrieren lassen. Fragt sich bloß, ob es irgendwann einen richtigen Moment gibt, sie aufzutauen. Und ja, die Kleinigkeit des dazugehörigen Partners ist auch noch zu berücksichtigen. Und dann? Ei und Mann machen noch kein Kind, und Ei und Mann und Kind garantiert kein Ramaglück. Und wenn das ausbleibt, obwohl alles stimmt? Toller Mann, tolle Wohnung, tolles Kind, aber unglücklich? Dann wird der Stress noch größer.

Der extreme Druck, unter dem viele Eltern und gerade Mütter leiden, entlädt sich leider oft auch an Kindern, die ja überhaupt nichts dafür können. Und das ist dann wirklich schrecklich, und es fragt sich: Wie viel muss und kann der einzelne Mensch tragen, und wo braucht er Hilfe? Wir alle können im Kleinen helfen, wenn wir beispielsweise die klassischen Situationen – Kind wirft sich an Supermarktkasse schreiend auf den Boden – nicht bewerten und verurteilen.

Ich habe das neulich selbst zum ersten Mal erlebt. Es ist

entsetzlich! Alle schauten mich an. Tu was! Aber Emma war nicht zu beruhigen, und ich war schuld. Egal, was ich getan hätte, ich wäre immer angefeindet worden. Hätte ich nichts getan, wäre ich eine Egoistin gewesen, hätte ich Emma angebrüllt, eine Asoziale, hätte ich es mit Geduld versucht, eine Öko, hätte ich sie ruppig vom Boden hochgezogen, wäre ich ein Fall fürs Jugendamt. Am liebsten hätte ich den Supermarkt einfach verlassen, als gehörte dieses schreiende Kind mit dem knallroten Kopf nicht zu mir. Und jetzt möchte ich das Thema wechseln.

Ich selbst habe von meinen Eltern zweimal im Leben eine leichte Ohrfeige bekommen. Heute finde ich, dass sie in beiden Fällen recht hatten, und auch wenn sie nicht recht gehabt hätten: Sie sind Menschen. Ein Kind kann einen an den Rand des Wahnsinns treiben. Meine kleine Emma hat das noch nie geschafft, doch ich rechne wie immer mit dem Schlimmsten. Auch mir kann irgendwann mal die Hand ausrutschen, wie man das landläufig nennt. Neulich habe ich eine Bekannte getröstet, die ihrem Achtjährigen, der sie extrem provozierte, einen Klaps verpasst hatte. Danach kaufte sie ihm einen ferngesteuerten Hubschrauber – von dem Geld, das sie sich zusammengespart hatte für eine Hot-Stone-Massage beim Wellnesswochenende mit ihrer besten Freundin. Mir tun solche Geschichten weh.

Ich habe mit Frauen gesprochen, denen die Decke auf den Kopf gefallen ist, die vor Langeweile zu Hause mit einem Kleinkind fast starben, weil sie etwas anderes gewöhnt waren, weil sie ihren Job geliebt hatten. Und dann bekamen sie Depressionen, weil sie dachten, dass sie das alles ganz toll finden müssten, es aber eben nicht toll fanden. Und so wurde der Druck immer größer. Ich habe Mütter kennengelernt, die alles anders machen wollten, solche wie ich, und die dann nur verzweifelt durch ihren Alltag hetzten, immer atemlos, immer zu spät, immer hinterher. Was mittlerweile auch Vätern widerfährt. Familien reiben sich auf zwischen Privat- und Berufsleben. Ein Kind großzuziehen kommt einer Zerreißprobe gleich.

Wieso soll ich als erwachsene Frau ein schlechtes Gewissen haben, wenn ich kein Glück empfinde im Erlebnishorizont einer Zweijährigen? Einem erwachsenen Mann wird das doch auch zugestanden. Es reicht, wenn er sein Vatersein zwanzig Minuten am Tag genießt, bisschen Bilderbuch, bisschen spielen. Aber eine Mutter soll im Leben mit einem Kleinkind rund um die Uhr die Erfüllung finden. Warum ist die Frau, die sich hier unterfordert und frustriert fühlt, gefühllos und der Mann ein toller Papa?

Oder anders gefragt: Warum lassen sich so viele Mütter von jedem dahergelaufenen Deppen ein schlechtes Gewissen einreden?

Die Antwort liegt auf der Hand: Das ganze System läuft darauf hinaus, dass Frau Mutter schön brav funktioniert und alles so bleibt, wie es ist. Alice Schwarzer schreibt: »Mutterschaft und Kinderkult sind heute die effektivste Waffe gegen die Emanzipation.« Und apropos Emanzipation, die ja so was von out ist, dass manche junge Frauen glauben, das Wort *Feminist* – ein Mensch, der für die Rechte der Frau einsteht – sei ein Schimpfwort. Jeder Mensch ist automatisch Feminist, weil Frauen Menschen sind, wer etwas anderes behauptet, verstößt gegen das Gesetz. Aber viele junge Frauen verbinden mit Feminismus den Begriff Emanze und das ist Alice Schwarzer, die Erfinderin der Frauenbewegung. Dass es vor Alice Schwarzer andere Frauen gegeben hat, auch im letzten Jahrtausend, ist in Vergessenheit geraten, das lernt man leider nicht in jeder Schule, obwohl man einiges darüber erfährt, wie unterdrückte Völkergruppen sich befreiten. Was das betrifft, gehören Frauen dann nicht mehr zum Lehrstoff. Das vermittelt den Schülerinnen ein falsches Bild ihrer Stellung in der Gesellschaft.

Bildung schafft Freiheit! Wenn sie fehlt, steht manche überforderte Mutter leider oft ganz alleine da mit ihrem schlechten Gewissen und kann sich nicht mal selbst trösten, weil ihr die Argumente fehlen. Sie betrachtet ihre Situation als persönliche Misere. Ihr fehlt das Wissen, ihr eigenes »Schicksal« in einen gesellschaftlichen und politischen Zusammenhang zu stellen. Deshalb wehrt sie sich auch nicht dagegen, sondern laboriert an ihrem schlechten Gewissen herum, mit dem sie mutterseelenallein ist. Auch wenn sie hin und wieder darüber spricht, das wirkliche Ausmaß wird sie wohl selten offenbaren.

Wenn mir jemand gesagt hätte, dass ich mich einmal mit solchem Zeug beschäftigen würde – ich hätte laut gelacht. Feminismus hat mich nämlich null interessiert. Was sollte das mit mir zu tun haben? Ich kam doch gut klar. Erst als ich Mutter wurde und bemerkte, welche Diskriminierungen das mit sich brachte, konnte ich sehen, dass ich auch als Frau ohne Kind nicht gleichwertig behandelt worden war.

Das schlechte Gewissen ist eine Krankheit, die zum Rabenmutterkomplex gehört. Die schwarzen Flecken breiten sich aus und scheinen nie wieder wegzugehen, und manchmal schmerzen sie noch im hohen Alter, auch wenn es einem von den Kindern nicht vorgeworfen wird. Sie hätten vielleicht

Bankdirektor werden können, wenn man ihnen weniger Taschengeld gegeben hätte. Und dass der Peter so schüchtern ist, das liegt auch an seiner Mutter, die hat ihn doch ständig untergebuttert. Und alles andere, was nie wiedergutzumachen ist. Und das alles soll schön sein? Man begibt sich in eine Situation hinein, in der man nur Fehler machen kann und unter diesen Fehlern schrecklich leidet? Lebenslänglich? Das ist unmenschlich. Ich schlage vor, dass wir unsere Rabenmutterflecken pflegen, salben und dafür sorgen, dass sie so schnell wie möglich wachsen. Wenn alles schwarz ist, erscheint der erste zarte Flaum, und nach und nach wachsen die Federn zu einem Gefieder. Dann spreizen wir unsere Flügel, streifen die Mutterhülle ab und sind schöne prächtige Rabenvögel, die einfach davonfliegen. Unter Raben gibt es übrigens keine schlechten Eltern oder Mütter. Sie kümmern sich beide fürsorglich um ihren Nachwuchs. Ihr schlechter Ruf rührt daher, dass die Jungvögel im Alter von einigen Wochen aus dem Hotel Mama ausgecheckt werden, wenn sie nicht aus eigenem Antrieb ausziehen. Dennoch kümmern sich die Rabeneltern weiterhin um den Nachwuchs, der allerdings nicht mehr zu Hause wohnen darf. Sie bringen ihm alles bei, was er wissen muss, um ohne die Hilfe seiner Eltern zu überleben. Bei den Vögeln wird niemand in Abhängigkeit gehalten, schon gar nicht die Mütter. Da darfst du frei sein und selbstständig. Flieg!

Die Sitzblockade

Auf einmal steckte ich tief in einem Gewissenskonflikt, meinem ersten seit Emmas Geburt. Bis hierhin hatte ich die Angriffe alle locker pariert, weggesteckt, mit den Schultern gezuckt, gelacht. Doch nun stand ich vor einer Grundsatzentscheidung. Ich hatte mich bewusst für Emma entschieden. Ich wollte anwesend sein bei so vielen Schritten wie möglich, die sie in ihr eigenes Leben lief. Ist Sitzen ein Schritt? Die Sache mit dem Sitzen verunsicherte mich massiv. Ja, Sitzen war ein Schritt. Es ist die Voraussetzung zum Gehen. Kein Abenteuer dieser Welt war es wert, dass ich das verpasste.

Die mahnende Stimme in meinem Inneren war immer lauter geworden. Sie gab vor, es wirklich gut zu meinen, etwas anderes sei gar nicht möglich, schließlich sei sie meine innere Stimme. Blöd war bloß, dass es weitere innere Stimmen gab, die sich ebenso auswiesen und das Gegenteil behaupteten. Wurde ich jetzt wahnsinnig? Oder fiel mir nur die Decke auf den Kopf? Emma hatte die erste Erkältung ihres Lebens, und ich war seit Tagen nicht mehr draußen gewesen. Ich rechnete es Schantalle hoch an, dass er mich besuchte, obwohl er eine ans Hysterische grenzende Aversion gegen »Bazillen« vom Stamm der Erkältungen und Darmgrippen kultiviert hatte, seitdem er einmal einen Flug nach Hawaii stornieren musste.

Ansonsten war Schantalle bei klarem Verstand und wollte wissen, wie viel Geld ich bei dem Mongolei-Auftrag verdienen würde. Ich nannte die Summe.

Er pfiff durch die Zähne. »Das ist eine Menge Asche. Da verdienst du in einem Monat so viel wie sonst in drei oder vier?«

»Dafür ist es aber auch eine Rundumbetreuung. Ich bin vierundzwanzig Stunden täglich im Einsatz.«

Schantalle zögerte. Dann sagte er. »Ich meine, du wärst blöd, wenn du diesen Job sausen lässt. Rechne dir mal aus, was du alles mit der Kohle anstellen könntest. Wie viele Kinderlieder-CDs du da kaufen kannst. Und wolltest du nicht mal ein neues Sofa anschaffen? Oder in Urlaub fahren?«

»Nicht so wichtig«, sagte ich.

»Dann leg das Geld auf ein Konto für die Ausbildung von Emma. Da wirst du noch viel löhnen müssen und froh sein, wenn du was beiseitegeschafft hast.«

Schantalle hatte mal wieder ins Schwarze getroffen. Mein Erspartes war in den letzten Wochen weggeschmolzen wie Erdbeereis an der Sonne, da ich ja alle Kosten halbe-halbe mit Alexander teilte und weniger als früher arbeitete. Ich würde mich deutlich wohler fühlen, wenn ich ein Polster hätte. »Guter Tipp«, bedankte ich mich bei Schantalle. Doch nachts im Bett fragte ich mich, warum ich ein Konto für Emma anlegen sollte als Rechtfertigung vor mir selbst. Warum es nicht genügen würde, dass ich diesen Job wollte, dass ich dieses Geld wollte. Ich konnte es ja trotzdem für Emma sparen. Das erinnerte mich an eine Bekannte, die ein Buch über eine gemeinnützige Organisation geschrieben hatte und ihr Honorar spendete, damit niemand auf die Idee käme, sie hätte sich bereichert. Der Preis für die weiße Weste war ein halbes Jahr Arbeit.

Ich hatte nur noch einen Tag Zeit, um den Job zu- oder abzusagen, da meinte meine Freundin Vicky: »Stell dir mal vor, Emma lernt in dieser Zeit eben nicht sitzen, sondern es passiert gar nichts. Vielleicht kriegt sie eine Mandelentzündung, das wirft sie in ihrer Entwicklung zurück, so was kommt vor. Dann würdest du dich wahrscheinlich ziemlich ärgern, wenn du da geblieben wärst.«

Und meine fünfundsiebzigjährige Nachbarin meinte: »Des is doch ois bloß a moderner Schmarrn. Und dann beschwern sich d'Leit, weil d'Kinder keine Manieren mehr ham. Aber des kimmt von dem, weil ja Eltern heutzutag alles durchgehen lassen. A Kind muss lernen, dass sich die Welt nicht nach ihm dreht. Wo gibt's denn des, dass Eltern koa Geld nicht verdienen dürfen, weils Kind vielleicht an Zahn kriagt.«

Ich dachte an die grenzwertig manierenfreien Söhne der Scheichs, die ich in Dubai kennengelernt hatte, kleine Jungs im Alter zwischen fünf und zehn, die ihre gesamte Umgebung terrorisierten, weil sie niemals Grenzen aufgezeigt bekamen. Und ich dachte an die zahlreichen Kinder, die ich bei ausbeuterischer Arbeit gesehen hatte. In vielen Ländern tragen selbst unter Zehnjährige zum Familieneinkommen bei, auch wenn das gesetzlich verboten ist. Oder sie werden zum Betteln geschickt oder gezwungen, sich zu prostituieren. Ich hatte diesbezüglich wirklich schreckliche Dinge beobachtet. Indische Kinder, die Fußbälle mit der Hand nähten, marokkanische, die mit den Händen und Armen in giftiger Farblauge hingen, verkrüppelte Kinder, die Kleber schnüffelnd Müll auf der Müllkippe sammelten, Kinder, die auf der Suche nach Edelmetallen durch enge Stollen krochen. Da würde ich Emma doch nichts Schlimmes antun, wenn ihre Mama nicht dabei war, wenn sie zum ersten Mal saß! Oder?

Eine folgenschwere Entscheidung

Ich beschloss, mit offenen Karten zu spielen, und rief bei der Produktionsfirma an.

»Es ist nämlich so, dass ich eine kleine Tochter habe.«

»Äh, ja?« Mein Gesprächspartner wusste mit der Auskunft nichts anzufangen. Warum auch. Es ging um eine vierwöchige Produktion, nicht um Popo putzen.

»Und ... Nun, also ich würde den Auftrag sehr gern übernehmen, aber im Moment kann ich nicht absehen, ob ich meine Tochter in dem Zeitraum des Drehs so lange allein lassen kann. Es könnte ja irgendetwas Unvorhergesehenes passieren.«

»Sie haben sich für den Auftrag beworben, obwohl Sie ein Kleinkind zu Haus haben?«, vergewisserte sich der Mann. Er klang streng. Ich kannte ihn nicht persönlich. Er war ein Sachbearbeiter. Er wusste nichts über meine Lebensumstände. Und trotzdem konnte er über mich zu Gericht sitzen. Da wurde mir klar, dass ich niemals angefragt worden wäre, wenn mein Status als junge Mutter bekannt gewesen wäre.

»Wie gesagt würde ich den Auftrag sehr gern übernehmen, für den Sie mich angefragt haben, aber ich hätte gern eine Option im Vertrag.«

»Was für eine Option denn?« Mein Gesprächspartner klang genervt.

»Dass ich, sollte es nötig sein, nicht selbst vor Ort bin, sondern einen Projektscout einsetze. Dass ich also, nachdem ich bis zum Abflug alles perfekt vorbereitet habe, unter Umständen nicht selbst fliege, sondern jemanden aus meinem Team mitschicke.«

Ich fand, die Formulierung *aus meinem Team* klang gut. Fragte sich im Moment nur, wer mein Team wäre.

»Für uns spielt es keine Rolle, wer vor Ort ist, Hauptsache, es ist jemand dabei, der da unten alles regelt.«

»Natürlich«, sicherte ich zu und verbesserte nicht, dass die Mongolei nicht *da unten* lag. »Und wie gesagt: Es handelt sich nur um eine Option. Selbstverständlich bin ich trotzdem weiterhin Ihre Ansprechpartnerin, wie verabredet, vierundzwanzig Stunden am Tag. Beim Dreh, sollte ich nicht vor Ort sein, bin ich über Skype dabei.«

»Ja, gut. Wir können diese Option in den Vertrag aufnehmen.«

Ich bedankte mich, legte auf und machte einen Luftsprung. Ich würde Emmas erstes Sitzen erleben und den Job machen! Denn natürlich war die Option für mich längst Realität. Ich würde nicht fliegen. Und ich würde jetzt nicht traurig sein, dass ich meine mongolischen Freunde nicht treffen würde. Wir konnten skypen.

»Du könntest auch fliegen und mit Emma skypen«, meinte Vicky.

»Dazu ist sie noch zu klein.«

»Aber später irgendwann.«

»Ja, später irgendwann«, sagte ich und fragte mich, ob es dieses Später noch geben würde für mich, ob ich jemals den Absprung in mein geliebtes altes Leben schaffen würde. Allein der Gedanke erschütterte mich.

Weil alle recht haben, hat niemand recht

Allmählich kristallisierte sich eine Art Familienalltag heraus. Werktags morgens spielte Alexander ein wenig mit Emma, ehe er zur Arbeit ging, dann war ich mit ihr zusammen, stillte und kuschelte, lauerte darauf, wann sie endlich einschlief, damit ich arbeiten konnte. Mittags schob ich sie im Kinderwagen durch die Gegend, damit sie an die frische Luft kam, und arbeitete am Smartphone weiter, was Emma gar nicht auffiel, da sie im Kinderwagen oft einschlief. Wenn Alexander nach Hause kam, übernahm er Emma, gelegentlich hatte er auf dem Heimweg sogar eingekauft. Er spielte mit Emma, kochte nebenbei etwas, stellte mir den Teller an den Rechner, und ich arbeitete bis weit nach Mitternacht, während Alexander Emma irgendwann ins Bett brachte. Es war anstrengend und wunderschön. So hatte ich mir das vorgestellt, wenn auch ein bisschen weniger stressig. Ich war mit Emma zusammen und arbeitete, und an was für einem tollen Projekt! Hin und wieder war ich ein wenig traurig, dass ich nicht mitfliegen konnte, denn das wäre die Krönung des Ganzen, vor Ort dabei zu sein, zu erleben, wie alles, was ich monatelang vorher geplant und eingefädelt hatte, Wirklichkeit wurde. Beim nächsten Mal dann. Bestimmt.

Oft saß Emma auf meinem Schoß, während ich auf den Bildschirm starrte, ich wippte ein wenig, sie gluckste, und hin und wieder sang ich auch ein Lied für sie. Kinderlieder kann man durchaus singen, während man im Internet recherchiert oder eine Mail schreibt. Ich war gut gelaunt und zuversichtlich, dass ich alles schaffen würde. Die Bemerkung einer Bekannten, dass Emma es sehr genau spüren würde, dass ihre Mutter nur vorgab, präsent zu sein, versetzte mir trotzdem einen Stich. Zumal sie dann ja noch nachtrat. Es sei schädlich für die Entwicklung des Kindes, wenn es seine Mutter nie für sich allein habe, wenn es deren Aufmerksamkeit ständig teilen müsse, da würde es hochgradig nervös werden, und ich solle mich schon mal darauf vorbereiten, dass Emma später eine Aufmerksamkeitsstörung entwickeln würde.

»Das heißt Aufmerksamkeitsdefizitstörung«, entgegnete ich, was die Bekannte erst recht auf die Palme brachte. Schließlich musste ich zusammenhanglos Zehntausende von Kilometern zurücklegen bis nach Nepal, wo Kinder mit schwerem Gepäck auf dem Rücken in Flipflops auf den 8091 Meter hohen Anapurna klettern und trotzdem gut drauf sind. »Da wird Emma es wohl verkraften, dass ihre Mama arbeitet.«

»Das kann man nicht vergleichen.«

»Das stimmt. Denn das in Nepal ist Kinderarbeit.«

Wir trennten uns im Streit. Das Ganze hatte mich fünfzehn Minuten gekostet und in der Nachbearbeitung mehrere Stunden, meine Laune für diesen Tag war verdorben. Warum bloß hatte ich sie gebeten, mir eine Breze vom Bäcker mitzubringen, als sie netterweise geklingelt hatte. Selber schuld. Leider dachte ich in den folgenden Tagen immer wieder an diese unangenehme Begegnung. Eines Nachts, die Kirchturmuhr hatte gerade Mitternacht geschlagen, Alexander und Emma schliefen längst, wollte ich den Rechner runterfahren und zögerte. Dann gab ich meine Suchbegriffe ein und wusch mein Gewissen rein:

Eine Studie der Universität Harvard zeigt, dass es einen positiven Einfluss auf Kinder hat, wenn deren Mütter arbeiten, was als »Working Mother Effect« bezeichnet wird. Mädchen, deren Mütter während der Erziehung Karriere machen, sind später selbst erfolgreich im Job und verdienen auch besser, Jungs sind einfühlsamer und helfen mehr im Haushalt. Eine Studie des Boston College ergab, dass sich Kinder aus einkommensschwachen Familien besser entwickeln, wenn sie in die Kita gehen, statt zu Hause zu bleiben. Eine dänische Studie kam zu dem Ergebnis, dass die Kinder arbeitender Mütter bessere Schulnoten haben. Und eine weitere Studie der Universität Harvard ergab, dass die Töchter arbeitender Mütter später gleichberechtigtere Beziehungen führten. Darüber hinaus erfuhr ich aus einer Langzeitstudie über einen Zeitraum von fünfzig Jahren der American Psychological Association, dass die Kinder arbeitender Mütter tendenziell höflicher waren. Das würde ich meiner fünfundsiebzigjährigen Nachbarin erzählen. Und ich selbst würde mich an die Gallup-Studie erinnern, die nachwies, dass arbeitende Mütter weniger anfällig für seelische Verstimmungen sind. Denn sie sind ausgeglichener, und das wirkt sich auch auf ihre Kinder aus, wie es zudem eine Studie des University College London ergab.

Ich fuhr den Computer herunter und dachte, dass ich mit einer minimal modifizierten Suchanfrage wahrscheinlich ebenso viele Studien aus dem Netz gefischt hätte, die das Gegenteil bewiesen.

Mütterklüngel

Obwohl ich nicht viel Zeit hatte, mir Gedanken über Dinge zu machen, die nichts mit meinem Auftrag oder der Organisation unseres Familienlebens zu tun hatten, dachte ich gelegentlich darüber nach, wie mir manche Menschen begegneten, wenn sie erfuhren, dass ich diesen großen Auftrag trotz Emma angenommen hatte. Ich fragte mich, warum sie so negativ eingestellt waren, als würde ich sie mit meiner Entscheidung persönlich angreifen. Ich nahm ihnen doch nichts weg! Ich fragte mich, warum sich diese Einmischung, die mit meiner Schwangerschaft begonnen hatte, fortsetzte, sogar immer schlimmer wurde. Und ein Ende war noch lange nicht in Sicht. Mir wurde übel, wenn ich an die Einmischungen dachte, die noch folgen würden. In welchen Kindergarten Emma ging – in den falschen? Auf welche Schule. Und dann der ganze Schulstress. Was bist du für eine Mutter, dass du dein Kind auf eine öffentliche Schule respektive Waldorfschule gibst? Was, du betreust die Hausaufgaben nicht? Was, Emma geht auf eine Ganztagsschule? Was, es ist dir egal, ob sie das Gymnasium schafft? Wie, du bezahlst keinen Ballettunterricht? Aber das ist total wichtig für die Koordination im Gehirn. Ohne Ballett wird sie nie ein Einser-Abi machen, und dann? Du verbaust ihr ihre Zukunft, hast du noch nichts von dieser Studie gehört, die …

Und anstatt mich um meine Arbeit zu kümmern, würde ich Schulen googeln und mir den Dreisatz noch mal vergegenwärtigen. Und ich musste die neue Rechtschreibung lernen, die jetzt auch schon zwanzig Jahre alt war, aber ich schrieb viele Wörter noch immer so, wie ich sie in der Schule gelernt hatte. Und das war ja nur die Spitze des Eisbergs. Im Großen und Ganzen kam ich bislang recht glimpflich weg, aber Emma war ja auch noch klein.

Eines Tages hatte ich einen Geistesblitz. Mein trotz allem relativ entspanntes Verhältnis zum Kümmerterror lag daran, dass ich so wenig Zeit hatte, mich mit anderen Müttern auszutauschen. Ich hatte festgestellt, dass mich Mütterklüngel häufig schlecht draufbrachten. Denn hier fand meistens kein freundlicher Austausch statt, auch wenn viel gelächelt und genickt und nett geblickt wurde, sondern ein zuweilen regelrecht hinterhältiges Aushorchen, um die Schwachstellen der Gegnerin auszuloten und dann mit dem eigenen Nachwuchs aufzutrumpfen. Da ich keinen Sinn darin sah, mich hervorzutun, weil Emma so schöne Sandkuchen formen konnte oder einen Maßstab erfüllte, den ich für belanglos hielt, fiel ich schon mal unangenehm auf. Meistens wurde verglichen. Was, dein Leo läuft noch nicht. Bist du sicher, dass da alles in Ordnung ist? Wie, deine Pia isst noch nicht mit dem Löffel? Also, meine Sina hat schon ... Also nicht, dass ich dich jetzt beunruhigen wollte. Aber vielleicht solltest du mal mit deinem Kinderarzt drüber sprechen? Was, du gehst zu dem? Aber du weißt schon, dass der viel zu schnell Antibiotika verschreibt. Was? Du riskierst es, dass dein Kind eine chronische Entzündung bekommt, indem du ihm nur solche Kügelchen verpasst? Du weißt aber schon, dass das alles Humbug ist. Also, ich möchte ja nicht dafür verantwortlich sein, wenn mein Kind mal chronisch krank wird. Aber das musst du natürlich selber wissen, ich meine, ich rede dir da nicht drein, weißt du, ich meine es nur gut, also ich an deiner Stelle würde ...

Ich hätte nach jedem Aufenthalt im Mütterklüngel eine Kur brauchen können, um mich wieder ins Lot zu bringen, denn obwohl ich wusste, dass das alles nichts mit mir zu tun hatte, setzten sich manche der Bemerkungen mit Widerhaken in mir fest. Das machte mich wütend, denn ich war doch immer so stolz darauf gewesen, unabhängig von der Meinung anderer zu sein. Ich war als Schlitzäugige in einem Land von Rundäugigen groß geworden zu einer Zeit, als multikulti noch kein Schlagwort war. Da muss man sich ein dickes Fell zulegen. Da darf man sich nicht alles zu Herzen nehmen. Ich war stolz auf meine Unabhängigkeit und auch auf meine Toleranz Fremdem gegenüber, die mir auf meinen Reisen vieles ermöglicht hat. Bloß, weil ich etwas nicht kenne, Stichwort Schafauge, muss es doch nicht schlecht sein. Diese Offenheit hatte mein Leben sehr bereichert. Und nun auf einmal zog eine Enge auf, die mich durcheinanderbrachte, vor allem, weil ich mich manchmal nicht dagegen wehren konnte. Die Meinungen anderer Mütter verunsicherten mich. Und so dachte ich im Kreis und verlor Zeit, die ich mit konstruktiven Dingen hätte zubringen können, denn in diesem Kreis gab es ja keine Antworten, nur schlechte Gefühle und zuweilen den Verdacht: Ich mache alles falsch. Ich bin eine Versagerin.

Das Projekt Kind

Ich mied Mütterklüngel, was gar nicht so schwer war, da ich ja arbeitete. Wenn ich nicht arbeiten würde, dachte ich weiter, wäre ich womöglich ständig mit denen zusammen. Im Grunde genommen taten sie nichts anderes als ich. Allerdings war mein Projekt mein Job, und ihr Projekt war das Kind. Und so viel Engagement ich in meine Projekte steckte, steckten sie zusätzlich zur Normalversorgung in ihr Kind. Das Kind war nicht nur ein Kind, sondern ein Leistungsträger, der nach den Maßstäben der Leistungsgesellschaft bewertet und optimiert wurde. Das Kind sollte stets einen der vorderen Plätze im Ranking einnehmen, das Erste bei jedem anstehenden Entwicklungsschritt sein: ein Premiumkind. Und wer das nicht erreichte, hatte immerhin noch ein besonderes Kind, und das galt es unerbittlich zu beweisen und durchzusetzen gegen die anderen Kinder und Mütter, die auszustechen waren.

Deshalb kam ich nach solchen Treffen oft schwer verletzt nach Hause und musste erst mal meine Stichwunden verbinden. Ich stellte mich bei allen Angriffen natürlich vor

Emma, damit meine Kleine nichts abbekam. Ich verlangte nicht von ihr, dass sie irgendetwas am allerbesten machte. Sie musste nicht mal ein besonderes Kind sein. Sie war einfach meine kleine Emma und Punkt. Aber das reichte in der Meinung anderer oft nicht. Ich dachte darüber nach und kam zu dem Schluss, dass sich manche Mütter, die nicht arbeiteten, mit ihrem Kind aufzuwerten versuchten. Denn was war sonst noch wichtig in ihrem Leben? Was war wirklich bedeutsam? Gibt es eine verantwortungsvollere Aufgabe, als einen Menschen großzuziehen? So konnte ich mir auch ihre Back-Bastel-Begeisterung erklären. Und ich sah ihnen manches nach, denn es ist nur menschlich, dass man sich Anerkennung wünscht für das, was man tut, und dass man es gut machen will. Ich finde es allerdings gesünder, wenn man das lediglich auf sich selbst bezieht und keine anderen Menschen damit belästigt, vor allem nicht so kleine, die sich nicht dagegen wehren können, sondern sich anstrengen, alles so zu machen, dass Mami und Papi zufrieden sind. Umso schlimmer, wenn sie Fehler machen und Mami und Papi verärgern. Denn das fällt ja auf die Eltern zurück.

Selina, wie sagt man?

Selina!

Selina, man sagt Danke, wenn man etwas geschenkt bekommt.

Selina!!!

Ich möchte niemals eine Mutter werden, die ihr Kind als narzisstischen Auswuchs ihrer selbst betrachtet, der zur Befriedigung ihrer Eitelkeit dient. Und ich möchte mit meiner Erziehung nicht dazu beitragen, eine Generation heranwachsen zu lassen, die auf Konkurrenzverhalten und Leistung getrimmt ist, statt auf Solidarität und Empathie. Das ist es, was unsere Welt heute am nötigsten braucht. Auch und gerade die Kinder. Die brechen doch zusammen, wenn sie das Lebensglück ihrer Eltern auf ihren schmalen Schultern tragen sollen. Wenn sie die verpassten Chancen ihrer Eltern nachholen sollen. Auch wenn es nie ausgesprochen wird – Kinder spüren das.

Womöglich zieht man sich mit der Projektarbeit auch lauter kleine Tyrannen heran. Doppelt tragisch ist es, dass solche engagierten Mütter und Väter ja nur das Beste wollen. Einen Menschen großzuziehen, das ist eine Herausforderung und sicher in vielen Lebensläufen das bedeutendste, wichtigste »Projekt« – aber es darf kein Lebenswerk sein, keine Brücke, die dann als Jahrhundertbauwerk niemals Risse kriegen darf. Denn Brücken kann man berechnen, solange die Erde mitspielt und nicht bebt. Aber für Menschen gibt es keine Formeln. Und wenn ich mich in einen Mütterklüngel begab, wurde mir schnell schwindlig im Kopf, und ich konnte nicht mal mehr eins und eins zusammenzählen, weil dabei ja nicht zwei herauskam, sondern vielleicht etwas ganz anderes. Was? Diese Studie kennst du nicht? Eins und eins gilt nicht mehr, so wie das mit dem Spinat, der enthält gar nicht besonders viel Eisen, das war ein Kommafehler.

Kein Komma, sondern schlicht ein Denkfehler war es, mir bei anderen Müttern Beistand zu holen. Und das machte mich sehr traurig. In der Konsequenz mied ich sie. Was mir einen Teil meines Lebens rettete.

Familienurlaub ohne Mutter

Ich hatte in meinem Leben schon schwierigere Aufgaben bewältigt. Und dennoch war ich dieses Mal wirklich stolz auf mich, weil ich mein Projekt unter extremen Bedingungen abgeliefert hatte. Das erfüllte mich mit Zuversicht. So würde ich es von jetzt an immer machen. Ich würde die Drehs von Deutschland aus organisieren und vor Ort Scouts einsetzen. Ich war regelrecht beflügelt und überhaupt nicht traurig, dass das Flugzeug in die Mongolei ohne mich abhob. Doch bald schon sollte ich abstürzen und sehr, sehr hart landen, denn es ging so ungefähr alles schief, was schiefgehen konnte, und für eine Weile sah es aus, als hätte ich meinen guten Ruf in der Branche, an dem ich jahrelang gearbeitet hatte, unwiderruflich ruiniert. Wie heißt es so schön: Was man nicht selbst macht ... Und das war geradezu niederschmetternd, weil ich doch in diesen Auftrag so viel Hoffnung setzte: Er sollte mir Folgeaufträge einbringen.

Als sich abzeichnete, dass der Dreh zu scheitern drohte, konnte ich es zuerst nicht fassen, denn vom Schlimmsten war ich doch wie immer ausgegangen und hatte vorgesorgt. In der Regel dreht ein Sender drei Themen. Das bedeutet für mich, dass ich zwölf Themen recherchiere, weil immer irgendetwas nicht klappt. Einmal ist das Wetter zu schlecht für den geplanten Hubschrauberflug, dann findet ein Fest nicht statt, die Nomaden bauen ihre Jurten woanders auf als verabredet, ein Inlandsflug wird gecancelt und so weiter, und so weiter. Man tut gut daran, davon auszugehen, dass das meiste nicht klappt. Darauf war ich vorbereitet. Doch dann benötigte ich nicht nur einen Plan B, sondern auch noch Plan C und D, und schließlich wurde es richtig eng. Vier Tage vor Drehbeginn sagte die mongolische Hauptprotagonistin ab. Das war keine Krise, sondern eine Katastrophe. Alexander half mir, indem er meinen Part der Urlaubsvorbereitung übernahm – am nächsten Tag startete unser erster Urlaub mit Emma. Ich war erleichtert, dass ich die Hälfte unserer Italienreise würde bezahlen können. Der Mongolei-Auftrag hatte meine Finanzen aufgebessert, wenngleich ich bislang lediglich eine Anzahlung erhalten hatte. Nun sah es so aus, als würde es dabei bleiben, denn wieso sollte der Fernsehsender für etwas bezahlen, was nicht stattfand? Mit Alexander und Emma saß ich im Auto, soeben hatten wir den Brenner passiert, da erreichte mich die nächste Hiobsbotschaft: Die Hilfsorganisation, deren Arbeit der rote Faden der Reportage sein sollte, kündigte zwei Tage vor Drehbeginn die Zusammenarbeit. Das war der Moment, in dem ich nach Luft schnappte. Ich las die SMS mehrere Male, weil ich es nicht fassen konnte. Dann wurde mir schlagartig übel. Alexander stimmte ein Kinderlied für Emma an. »Jetzt nicht«, ranzte ich und entschuldigte mich gleich darauf. Alexander konnte dann nicht mal Musik hören während der Autofahrt, da ich bei sehr schlechtem Netz pausenlos telefonierte, mehr oder weniger brüllend. Emma brüllte dann auch, wir mussten anhalten, Emma übergab sich, natürlich war ich schuld, weil ich so einen Stress reinbrachte. Alles dauerte viel länger als geplant, bis wir Neapel erreichten, die Stimmung war im Keller. Dabei hatte Alexander sich so sehr auf diesen Urlaub gefreut – seinen Einstieg in die Elternzeit. Und ich hatte mich auch darauf gefreut nach den arbeitsintensiven Wochen. Ich hatte tatsächlich geglaubt, bei dieser Eins-a-Vorbereitung würde alles laufen wie am Schnürchen. Ich war wohl bescheuert gewesen.

Unser Hotel an der Amalfiküste, das ich gebucht hatte, war ein Traum. Sicher könnte man hier einen wunderbaren Urlaub verbringen. Das Essen war vom Feinsten, das Wetter herrlich, alles war perfekt. Korrektur. Wäre perfekt gewesen. Eine Horrornachricht nach der anderen erreichte mich aus der Mongolei. Schließlich verbrachte ich unseren zweiwöchigen Familienurlaub größtenteils allein im Hotelzimmer am Laptop und skypte rund um die Uhr bei meistens schlechter Verbindung, um in der Mongolei zu retten, was zu retten war, während Alexander und Emma sich am Strand tummelten, auf den Vesuv stiegen, Pompeji besichtigten. Alexander war sauer. Zu Recht, wie ich fand. Aber was sollte ich denn machen? Ich konnte mich schließlich nicht tot stellen und so tun, als ginge mich das alles nichts an.

»Komm wenigstens mit nach Capri«, bat Alexander mich.

»Okay«, willigte ich gestresst ein und tigerte auf der Fähre unruhig von Backbord nach Steuerbord, immer auf der Suche nach einem Netz, wovon es für Fische mehr gab als für Daten.

Jetzt hatte ich nicht nur ein schlechtes Gewissen meinem Kind, sondern auch meinem Mann gegenüber. Alexander arbeitete in Festanstellung mit geregelten Arbeitszeiten. Für ihn war Urlaub Urlaub und basta. Deshalb halfen mir seine guten Ratschläge – »Geh einfach nicht mehr ans Telefon« – kaum weiter. Eine Freiberuflerin hat nie Urlaub oder eben ein bisschen anders. Alles hat Vor- und Nachteile. Die Vorteile meines Jobs konnte ich ihm leider nicht vermitteln, und so stritten wir. Als Alexander eines Morgens wütend mit

Emma in der Kraxe auf dem Rücken aus dem Hotel stapfte, überlegte ich mir, warum ich so verdammt hart dafür kämpfen musste, arbeiten zu dürfen. Ja, es war ein schlechter Moment, doch es war mir wichtig, diesen Dreh irgendwie zu retten, wichtiger als die Amalfiküste, und ich hätte keine Ruhe gehabt, mich neben Alexander und Emma ans Meer zu legen und einfach mal zu entspannen. Nein, ich fand das nicht toll, sondern genauso beschissen wie Alexander. Aber ich hatte keine Wahl, und natürlich versuchte ich alles, um den beiden trotzdem einen schönen Urlaub zu ermöglichen. Alexander stellte fest, dass wir in verschiedenen Ländern weilten, er mit Emma in Italien, ich in der Mongolei – und machte dann das Beste daraus.

Kürzlich las ich, dass knapp 38 Prozent der Eltern sich darauf freuen, mal wieder einen Urlaub ohne Kinder zu verbringen. Jeder Vierte in der Umfrage der GfK Marktforschung bezeichnete den Urlaub mit Kindern sogar als stressig. Nach dem Urlaub mit freiberuflichen Müttern wurde natürlich nicht gefragt.

Mit enormer Kraftanstrengung und zirka drei Stunden Schlaf pro Nacht gelang es mir, den Mongolei-Dreh vor dem Scheitern zu bewahren. Doch freuen konnte ich mich nicht darüber, ich war fix und fertig und kehrte völlig erschöpft aus dem Urlaub nach Hause zurück. Diese ganze Sache hatte mir in erschreckender Deutlichkeit gezeigt, dass ich mich nicht auf andere verlassen konnte. Ich wusste nicht, ob die Probleme auch aufgetaucht wären, wenn ich selbst vor Ort gewesen wäre, aber sicherlich hätte ich sie besser und schneller lösen können. Ich musste also in Zukunft wieder mit dabei sein. Aber wie sollte das gehen mit Emma und vor allem, wenn die Elternzeit von Alexander vorbei wäre. Wie sollte ich das schaffen? Wenn ich überhaupt noch mal einen Dreh kriegen würde … Aber wahrscheinlich hatte ich mir dieses berufliche Standbein selbst abgesägt und kam jetzt auf die schwarze Liste, wo sich vermutlich schon einige andere Rabenmütter tummelten.

»Du, das ist ganz normal«, sagte eine Bekannte zu mir. »Du kannst dich nicht hundertprozentig um dein Kind kümmern und hundertprozentiges Engagement im Job bringen. Da sucht man sich halt einen anderen Job, einen, bei dem 10 oder 20 Prozent reichen.«

»Das würde mich aber total frustrieren.«

»Du gewöhnst dich dran. Alle gewöhnen sich dran.«

»So wie in der Geschichte vom Frosch, der so lange im langsam heißer werdenden Wasser sitzen bleibt, bis es kocht, und dann platzt?«, fragte ich sarkastisch.

»Sieh doch mal das Positive. Vielleicht wirst du ja Yogalehrerin. Das ist auch noch gesund.«

»Jetzt begreife ich, warum es so viele Yogalehrerinnen gibt und Atemtherapeutinnen und Feng-Shui-Beraterinnen und …«

»Autorin geht auch«, unterbrach mich meine Bekannte. »Total viele Mütter werden Autorin. Einen Roman schreiben kannst du von zu Hause aus. Und du brauchst ja nicht viel dafür außer Fantasie. Schreiben kann praktisch jeder.«

»Jetzt weiß ich endlich, warum über Frauenliteratur oft so schlecht gesprochen wird«, sagte ich und teilte Alexander abends mit, dass ich niemals Yogalehrerin werden würde.

»Da bin ich aber froh«, meinte er. Die Bedeutung des Satzes konnte er nicht ermessen. Und ich erklärte sie ihm auch nicht. Er musste sich schon genug von mir anhören und stellte sich eine glückliche Mutter wahrscheinlich auch anders vor.

Mutteropfer

Meine berufliche Zukunft beschäftigte mich stark. Ich hörte mich ein bisschen um und fand heraus, dass Ehefrauen solventer Männer mit Vorliebe einen Babybekleidungsladen eröffneten oder einen Mamiblog ins Internet stellten. Oft folgte dann irgendwann tatsächlich ein Buch mit den gesammelten Artikeln. Es gab aber auch die Varianten, eine Ausbildung zu machen, wenn man sich das leisten konnte. Oder wenn man sich das nicht leisten konnte: Teilzeit im Callcenter, Lebensmitteldiscounter, Senioren betreuen, Pizzadienst, in den frühen Morgenstunden Zeitungen austragen ... ich kannte diese Jobs aus meiner Studienzeit. Dahin wollte ich nicht zurück. Aber ich brauchte eine Tätigkeit, die sich mit Emma vereinbaren ließ. Und eine Perspektive sollte sie mir auch bieten. Statistisch gesehen konnte ich mit einem langen Leben rechnen. Die Kinderbetreuungszeit macht nur noch einen kleinen Teil einer Frauenbiografie aus, wir sterben ja nicht mehr mit vierzig – da ist die Zeit mit Kindern keine Hälfte des Lebens mehr, sondern ein Lebensabschnitt. Und was macht man, wenn der vorüber ist und man den Anschluss verpasst hat? Auf den Status Oma hoffen?

Die meisten beruflich frustrierten Mütter, die ich kannte, hatten sich mit ihrer Lage arrangiert. Was blieb ihnen auch anderes übrig. Einige unter ihnen redeten sich ihre beschissene Lage regelrecht schön – andere stellten sich als Opfer dar. Sie taten das alles ja nur für ihre Kinder. *Seht ihr, wie leicht es mir fällt, zu verzichten, seht ihr, dass ich mich aufgegeben habe, seht ihr, dass ich alles richtig mache, seht ihr, dass ich nullnull Ansprüche stelle, weil ich die ja gar nicht mehr habe, weil ich doch ein Kind habe, mein Leben ist erfüllt, alles ist gut für immer und Amen.* So etwas machte mich traurig. Wie wäre das für

Emma, dachte ich, wenn sie eines Tages erführe, dass ich mein Leben für sie geopfert hätte? Pfui Teufel, nein! Emma sollte eine starke Mutter haben, eine Frau, die ihr eigenes Leben gelebt, ihre Ziele erreicht hatte, ihre Visionen verwirklichte – eine, die gern lebte und keine Jammermiene zur Schau stellte.

Ach, du brauchst einfach Geduld, sagte ich mir, als wäre das so einfach. Denn ich brauchte ja auch Geld, obwohl die Produktionsfirma meine Rechnung anstandslos bezahlt hatte, was mich sehr wunderte. Doch am Jahresende wäre dieses Geld aufgebraucht. Und dann?

Schöne Bescherung

Im November wurde ich zu der Weihnachtsfeier besagter Produktionsfirma eingeladen. Das war bestimmt ein Versehen, vermutete ich. Bestimmt wollten die nie wieder was mit mir zu tun haben und hatten vergessen, ihren Verteiler zu checken. Ich wollte auch nicht hingehen, denn ich schämte mich für die schlechte Arbeit, die ich meiner Meinung nach abgeliefert hatte. Auch wenn ich nichts dafür konnte. Was zählte, war das Ergebnis.

Zufällig kam ich mit einem der Chefs ins Gespräch. Er lobte mich für meine gute Arbeit. Wahrscheinlich wurde ich rot. Dann fragte er mich: »Stimmt es, dass Sie ein kleines Kind haben?«

Ich nickte.

»Ja, das wurde mir erzählt. Ehrlich gesagt«, sagte er, der schon einige Weißbier intus hatte, »fand ich das schon ein bisschen merkwürdig. Ich meine … eine Mutter, die ihr Kind so lange allein lässt. Deshalb war ich auch ganz beruhigt, als ich erfuhr, dass Sie einen Mitarbeiter vor Ort beauftragt haben und nicht selbst in die Mongolei geflogen sind.« – »Ach ja?« Verdutzt schaute ich ihn an.

»Ja. Es steht mir natürlich nicht zu. Aber man hat eben so seine Vorstellungen, nicht wahr?«

»Äh, ja.«

»Und wenn wir gewusst hätten, dass Sie ein kleines Kind haben, hätten wir Sie sicher nicht gefragt. Man will ja niemanden in so eine Konfliktsituation bringen, oder?«

Schnell schüttelte ich den Kopf.

»Ach, wissen Sie was?« Jovial klopfte er mir auf die Schulter. »Stellen Sie noch mal eine Rechnung für 1000 Euro. So viel ist noch drin. Schreiben Sie Nachforderung drauf. Begründen müssen Sie das nicht.«

Dieser unerwartete Geldzufluss kam mir vor wie ein Geschenk des Himmels. Ich freute mich sehr darüber. Trotzdem wurden meine finanziellen Mittel allmählich knapp. Ich erinnerte mich an die Gespräche mit Freundinnen, die mich für verrückt erklärt hatten, weil ich unsere Kosten halbe-halbe mit Alexander teilte. Doch ich hatte immer daran festgehalten und war oft bestätigt worden. Erst neulich hatte ich in einem Radiofeature gehört, dass Beziehungen mit Kind die besten Chancen haben zu gelingen, wenn beide Partner finanziell auf eigenen Beinen stehen und alle Kosten teilen. Diese Ausgewogenheit wollte ich auf keinen Fall aufgeben. Doch es blieb mir wohl nichts anderes übrig. Es fiel mir sehr schwer, Alexander darauf anzusprechen, denn ich kam mir vor wie eine Bittstellerin. Eines Abends fragte ich ihn: »Sag mal, wie viel mehr unterm Strich bekommst du eigentlich ausbezahlt am Ende des Monats, seit wir steuerlich zusammen veranlagt werden?«

»Hm, das weiß ich nicht so genau.« Er zögerte »200 oder 300 Euro.«

»Kannst du das mal nachschauen?«

»Das ist schwierig wegen der Spesen und so.«

»Kannst du keine konkrete Zahl nennen?«

»Eher nicht.«

Warum zauderte er? Ich holte tief Luft. »Es wäre mir schon lieber, ich wüsste es, denn dann könnten wir einen fairen Deal machen.«

Er zuckte mit den Schultern.

Da legte ich meine Karten auf den Tisch, meine Kreditkarte sozusagen. »Mein Geld reicht nicht mehr. Könntest du bitte etwas mehr bezahlen?«

»Okay«, sagte er sofort.

Ich musste ihn dann allerdings noch einige Male erinnern. Das war entsetzlich für mich. Ich hasse Abhängigkeiten. Und *finanziell* abhängig sein ... das geht einfach nicht für mich, das fühlt sich fürchterlich an. Es ist ja nur vorübergehend, tröstete ich mich. Aber irgendwie kam ich aus diesem Vorübergehend einfach nicht mehr raus. Früher hätte ich gelacht, wenn mir jemand prophezeit hätte, dass ich wochenlang über die Vereinbarkeit von Familie und Beruf grübeln würde. Früher, als ich mir nicht vorstellen konnte, Mutter zu werden, und glaubte, ich wäre als Frau gleichberechtigt. Als Mutter bin ich es erst recht nicht.

Dennoch bin ich den Frauen vorhergehender Generationen sehr dankbar für alles, was sie erkämpft haben. Stichwort Wahlrecht, oder dass ich als Frau heute nicht mehr das Einverständnis meines Ehemannes brauche, wenn ich berufstätig sein will, so wie es bis in die 1970er-Jahre hinein Gesetz war, oder auch, dass Vergewaltigung in der Ehe kein »Kavaliersdelikt« mehr ist. Und, und, und. Aber leider genügte mir das alles nicht, es war noch immer zu wenig, um als Mutter mein Berufsleben aufrechterhalten zu können.

Wer zahlt, schafft an

Manche meiner Freundinnen meinten, dass ich doch jetzt verheiratet sei. Da bräuchte ich kein eigenes Geld zu verdienen. Aber genau das wollte ich. Denn ich sah doch, wohin das führte: In Beziehungen, in denen plötzlich nur noch die Männer Geld verdienten, veränderten sich viele. Die kamen vom Job nach Hause und beschwerten sich, wenn nicht gefeudelt war. Schließlich brachten sie die Kohle heim, da konnte man doch wohl erwarten, dass die Wohnung sauber, dass eingekauft war, dass das Kind seinen Papa frisch gewickelt und gestriegelt, gut gelaunt, wenn nicht sogar glücklich, anlächelte, dass die Wochenendfreizeitplanung stand, dass das mit der Autoversicherung geklärt war, dass man sich um einen Krabbelgruppenplatz gekümmert hatte, dass wegen des Holzspielzeugs gegoogelt worden, dass das Geschenk für die Schwiegermutter bestellt und ein Inspektionstermin für den Wagen vereinbart war. Und wenn auf dem gedeckten Tisch etwas fehlte, das Salz vielleicht, dann hatte die Frau aufzuspringen und es zu holen, das war ihr Job. Fixe Frauchen, die noch Kapazitäten frei hatten, verdienten sich Fleißbildchen damit, herauszufinden, ob es vielleicht einen leisen Staubsauger gab. Und vor allem sollte er Strom sparen. Was sagte die Stiftung Warentest dazu? By the way sollte man vielleicht mal den Stromanbieter wechseln. *Kümmerst du dich darum? Du hast doch Zeit. Da gibt es doch diese*

Preisbörse im Internet. Und vielleicht kannst du auch noch nach günstigeren Telefonanbietern gucken und ob das möglich wäre, dass wir einen Schwedenofen installieren. Wahrscheinlich müsstest du dich da an den Kaminkehrer wenden, Schatz.

Meine Mutter sagte einmal zu mir: »Ich weiß nicht, warum die jungen Mütter heute alle so gestresst sind. Wir Mütter damals haben es uns mit unseren Kindern einfach schön gemacht. Wir haben die Zeit mit ihnen genossen, und Hektik zu Hause kannten wir nicht. So was hatten nur Manager, die kriegten dann auch Magengeschwüre.«

Haushaltsmanagement

Nun, damals arbeiteten Mütter auch noch keine To-do-Listen ab.

Die Arbeitsplatzbeschreibung einer Mutter hat sich in den letzten Jahrzehnten kontinuierlich verändert. Es sind immer neue Aufgaben hinzugekommen – aber Hausfrau gilt in der allgemeinen Wahrnehmung als Idiotenjob und Freizeitvergnügen. Früher hatten Mütter, die zu Hause blieben, oft eine Ausbildung als Hauswirtschafterin. Wer einmal mit so einer Koryphäe gesprochen hat, bekommt eine Ahnung von deren Wirtschaftsfach. Eine ausgebildete Hausfrau weiß interdisziplinär Bescheid – Chemie, Biologie, Physik, Medizin, Kommunikationswissenschaften, Psychologie, Pädagogik – und ist auch praktisch veranlagt. Wie krieg ich Flecken aus Tischdecken und vom Parkett, bei wie viel Fetttemperatur lege ich welches Fleisch in die Pfanne, sie kennt sich mit Hausmitteln und Kinderkrankheiten aus und ist mit allen destillierten Wassern gewaschen. Als Laiin muss man sich das mühsam erwerben, wenn es überhaupt gelingt, denn das kostet sehr viel Zeit. Was Hausarbeit betrifft, gibt es Tätigkeiten, die mache ich einigermaßen gern, andere kann ich nicht ausstehen, Abtrocken zum Beispiel. Das finde ich völlig überflüssig. Aber es ist ein gravierender Unterschied, ob man sich um einen Ein- oder Zwei-Personen-Haushalt kümmert oder ob ein Kind in der Wohnung lebt. Mal abgesehen von den regelmäßigen Mahlzeiten, dem Wäsche- und Putzaufkommen, das wegen der ständig klebrigen Kinderhände deutlich zunimmt: Kinder haben es gern kuschelig. Da sehen Wohnungen anders aus – nicht funktional, sondern gemütlich. Und gemütlich macht mehr Dreck. Kurioserweise haben sich die Ansprüche an die Mütter so maßlos erhöht wie unsere Ansprüche an Sauberkeit, als wären allein die Mütter dafür verantwortlich. Heute wird ein Wäschestück gewaschen, wenn es einen kleinen Fleck hat, mit so einem Makel kann man nicht rumlaufen. Früher wurde einmal in der Woche gewaschen und auch gebadet, oft in einem Wasser. Zum Schluss stieg die Mami in die Wanne. Die modernen Haushaltsgeräte sparen keine Zeit, solange immer mehr gefordert wird. Frauen wenden heute durchschnittlich etwa fünfunddreißig Stunden wöchentlich für Hausarbeit auf – ungefähr so viel Zeit wie 1965.[22]

Hat sich also gar nichts geändert? Doch! Männer helfen mit, rund sechzehn Stunden pro Woche, was im Vergleich zu 1965 sensationell ist. Da beschränkte sich ihr Beitrag nämlich auf durchschnittlich eine Wochenstunde. Ich habe mich gefragt, wie ich auf siebenunddreißig Stunden pro Woche für Haushaltstätigkeiten kommen soll, doch wenn ich zusammenzähle, wie lange es dauert, bis sich das eingekaufte Mehl in einen Pfannenkuchen auf dem Tisch verwandelt, dessen

Unterlage sich wiederum in einen sauberen Teller verwandelt, geht die Rechnung auf. Studien zeigen übrigens, dass sich eine faire Aufteilung der Hausarbeit für Paare lohnt. Je gerechter die Aufgaben im Haushalt verteilt sind, desto zufriedener sind die Partner mit der Beziehung – und desto weniger Ärger gibt es.[23]

In meiner Beziehung war Haushalt kein Thema, weil Alexander sehr viel mithalf. Und vielleicht wären wir ja irgendwann einmal so reich, dass wir uns eine Putzhilfe leisten könnten. So wie manche der Vollzeit berufstätigen Mütter, die ich kenne. Einige haben auch Kinder. Da geht bei Steuerklasse fünf fast ihr gesamtes Einkommen für die Entlohnung der Hilfskräfte drauf, die es ihnen ermöglichen, berufstätig zu sein – und sie sind, obwohl Vollzeit berufstätig, doch wieder finanziell von ihrem Mann abhängig. Viel Stress, und nichts kommt dabei raus, außer Nachteile? Ja, aber unter dem Gesichtspunkt, dass eine Frau in Verbindung mit ihrem Beruf bleibt, ist es wiederum ein gutes Modell. In unserer Zeit, wo sich ständig so viel verändert, kann es schon ein Hindernis für die Einstellung einer Frau nach der Babypause sein, dass ein Software-Update auf den Markt gekommen ist. Da nimmt man doch lieber eine Bewerberin, die im Thema ist. Je größer der Abstand einer Frau zum Berufsleben wird, desto schwieriger gestaltet sich der Wiedereinstieg, zumal wenn sie dort weitermachen will, wo sie aufgehört hat. Ich habe auch oft gehört, dass das, was zuerst eine Gemeinschaftsentscheidung war – die neuen Eltern entschieden, dass der Vater arbeitet, die Mutter erst mal beim Kind bleibt –, später der Frau angekreidet wurde. *Du wolltest ja zu Hause bleiben. Also kümmere dich bitte auch darum, dass meine Sportsachen gewaschen sind.* Nicht nur Mütter tappen in eine Falle, auch jene Väter, die in der Rolle als Geldverdiener, Versorger,

Ernährer volle Kraft in die eigene Karriere investieren, um gerade jetzt besonders viel Geld zu verdienen. So erzeugen sie ein Machtgefälle innerhalb der Beziehung und kompensieren eventuell Minderwertigkeitsgefühle: Ohne mich könntet ihr ja gar nicht überleben. Oder sie leiden unter Eifersucht dem Kind gegenüber, beziehungsweise bestrafen die Partnerin indirekt dafür, dass sich die Beziehung verändert hat – aus harten Eiern werden Eierkuchen.

Das sollten im Übrigen auch jene Mütter beherzigen, die sich hinter ihrem Status verstecken und nur noch ein Thema kennen: das Kind. Dies ist unfair gegenüber dem Partner, der dadurch ja seine Partnerin verliert. Dauert dieser Zustand lange, wird er sich womöglich nach einer neuen Partnerin umsehen, und nicht selten beginnt das Spiel dann von vorne.

Wenn man in einem Unternehmen als IT-Fachkraft eingestellt wird, kann man nicht eines Morgens erfahren, dass man ab sofort im Putztrupp oder beim Außendienst tätig ist. Das erfordert vorbereitende Gespräche, eine Einverständniserklärung, Gehaltsverhandlungen. Und es erfordert Bedenkzeit, sich alles reiflich zu überlegen. Möchte man diese Veränderung? Man würde mit dem Partner darüber sprechen, seine Meinung einholen und auch überlegen, wie sich die Veränderung auf die Beziehung auswirken könnte. Mehr oder weniger Zeit füreinander, mehr oder weniger Geld?

Warum bedenken so wenige moderne Paare die Auflösung ihres bisherigen Teamvertrages, bevor sie Kinder bekommen? Sie finden nicht, dass sie heiraten müssen, tun es aber dann doch, weil es einfacher ist. Sie finden nicht, dass es so sein muss, aber weil es einfacher ist, bleibt die Frau zu Hause. Sie finden nicht, dass sie es tun müssen, aber die

Frau fühlt sich bald völlig allein verantwortlich für den Haushalt. Im Zeitraffer fallen die Errungenschaften aus Jahrzehnten.

Ohne Absprachen und ohne die neue Situation durchzuspielen, wird da einfach das bewährte Team aufgekündigt und ein traditionelles Rollenspiel eingeführt. Und nach einer Weile zieht Frust auf, der sich in Schuldzuweisungen entlädt. »Ich bin hier wohl nur noch die Haushälterin und Dienstbotin.« »Ich bin hier wohl nur noch der Depp, der die Kohle ranschafft.« Und was im privaten Bereich gilt, setzt sich fort im öffentlichen: Ob Kuratorin oder Köchin – als Mütter werden sie über einen Kamm geschoren.

Die demografische Entwicklung liegt nicht an der Geburtenplanung der Frauen, sie liegt an der Planung in Politik, Wirtschaft und Medien, bei denen noch nicht angekommen zu sein scheint, dass neue Generationen herangewachsen sind, die deutlich andere Vorstellungen vom Leben und der Familie haben als ihre Mütter und Väter. Anstatt genau darauf zu reagieren, sollen die Wählerinnen und Wähler umkehren – damit die meist männlichen Entscheider ihre Pfründe sichern? Wenn ich bayerische Politiker über Frauenfragen sprechen höre, denke ich oft: Du redest leicht daher, du hast höchstwahrscheinlich eine Frau zu Hause, die dir den Rücken freihält. Bürgernahe Politik sieht anders aus! Männer und Frauen wollen heute in selbstbestimmten Partnerschaften auf Augenhöhe leben, sie wollen Beruf und Familie vereinbaren. Was aber nur denjenigen gelingen kann, die über genug Geld verfügen, sich Hilfen zu leisten.

Brosamen und Almosen

Eines Tages, als ich mit Emma an der Isar spazieren ging, entdeckte ich eine alte Frau, die Enten fütterte. Emma durfte auch ein paar Brotstückchen in den Fluss werfen. Die Frau war schon über neunzig und hatte drei Kinder, fünf Enkel und drei Urenkel, aber die lebten alle weit weg von München und besuchten sie nur selten. Wir unterhielten uns darüber, was man zum guten Leben braucht, und waren uns einig, dass es manchmal genügte, altes Brot an Enten zu verfüttern. So kamen wir auch auf Geld zu sprechen, und die alte Frau erzählte mir, dass sie noch nie ein eigenes Bankkonto gehabt hatte, und viele andere absonderliche Dinge. Ich hielt sie für ein bisschen verwirrt, aber wie gesagt, sie war über neunzig. Aus Neugier googelte ich später und staunte nicht schlecht. Bis 1958 hatte ein Ehemann das alleinige Bestimmungsrecht über Frau und Kinder. Auch wenn er seiner Frau erlaubte zu arbeiten, verwaltete er ihren Lohn. Das änderte sich erst schrittweise. Ohne Zustimmung des Mannes durften Frauen bis 1962 kein eigenes Bankkonto eröffnen. Erst nach 1969 wurde eine verheiratete Frau als geschäftsfähig angesehen. »Wollte eine Ehefrau arbeiten, musste das ihr Ehemann erlauben. Erst 1977 wurde das Gesetz geändert.« Bis 1958 konnte der »Mann, wenn es ihm beliebte, den Anstellungsvertrag der Frau nach eigenem Ermessen und ohne deren Zustimmung fristlos kündigen … In Bayern mussten Lehrerinnen zölibatär leben wie Priester – heirateten sie, mussten sie ihren Beruf aufgeben.«[24]

Ich fragte mich, was meine liebe Emma wohl eines Tages über die Vergangenheit herausfinden würde; wie viele Dinge ihr völlig absurd erscheinen würden. Vielleicht gehört manches aus dem Leben ihrer Mutter dazu.

Das Kreuz mit der Mutter

Ich hatte mich schon öfter gefragt, warum wir Deutschen einen so unerbittlichen Begriff von aufopferungs- und liebevoller Mutterschaft pflegen und dabei doch ein eher kinderfeindliches Land sind. Da passte irgendetwas nicht zusammen. Eines Nachmittags – ich war mit Emma in einem Park und beantwortete am Smartphone Mails, sie schlief neben mir auf der Decke – lauschte ich zuerst unbeabsichtigt, dann mit zunehmendem Interesse, dem Gespräch von zwei Frauen, augenscheinlich Mutter und Tochter. Es ging um die Mutterrolle, die moderne Frauen heute erfüllen sollten. Ich hörte heraus, dass die Tochter sich intensiv mit der Kinderfrage auseinandersetzte. Gut so, dachte ich, darüber kann man gar nicht gründlich genug nachdenken. Obwohl ich selbst mir viele Gedanken dazu gemacht hatte, glaubte ich gelegentlich, es wären zu wenige gewesen. Ich hätte manches früher herausfinden sollen, nicht erst jetzt, wo es zu spät war – und ich einige Zusammenhänge erfuhr, die mir neu waren, so wie in diesem Park, als die ältere der beiden Frauen plötzlich zu einer Zeitreise in das Dritte Reich aufbrach ... bei der Kinderfrage ihrer Tochter! Was steckte dahinter?

Die Wurzeln des Drucks auf die deutschen Mütter liegen in der Naziideologie begraben. Gerade im Dritten Reich hatte die Mutter einen hohen Stellenwert, und viele erfüllten dem

Führer linientreu seinen nimmersatten Kinderwunsch. Längst wissen wir, dass dahinter allein Propaganda steckte. Der Mutterkult, der bis heute Nachwehen zeigt, unter denen viele Frauen leiden – Stichwort Rabenmütter –, diente der Rassenpolitik der Nationalsozialisten. Die gute Mutter war nichts anderes als eine Gebärmaschine, die fleißig Kanonenfutter auf die Schlachtfelder werfen sollte, am besten im Jahresrhythmus, wofür sie dann ans Mutterkreuz genagelt wurde. Wer das Mutterkreuz trug, genoss in der von der NS-Ideologie infiltrierten Gesellschaft hohes Ansehen. Die gute Mutter erzog ihr Kind nach Regeln, die wir heute zum Teil als Folter bezeichnen würden. Erziehung hieß nicht fördern und lieben, sondern Willen brechen und abhärten. Und da stand die deutsche Mutter in einer langen Tradition, denn die gute Kindheit, die wir heute jedem Menschen wünschen, ist eine Erfindung der letzten Jahrzehnte.

Mutterinstinkt

In früheren Jahrhunderten kümmerte man sich wenig um Kinder, ganz anders als heute, wo sich das Leben vieler Eltern nur noch um sie dreht. Man band sich emotional nicht zu sehr an sie: Die Säuglingssterblichkeit war hoch, jede Mutter musste damit rechnen, ein oder mehrere Kinder zu verlieren. Frauen bekamen in der Regel viele Kinder, es gab ja noch keine Empfängnisverhütung. In den privilegierten Gesellschaftsschichten wurde das Stillen Ammen überlassen, die dafür ihre eigenen Kinder vernachlässigen mussten. Die Kleinen mussten früh in der Gemeinschaft mithelfen, und die Erziehung der Kinder, die eher ein Aufziehen war, geschah nebenbei und oft mit Strenge und Härte. Kinder waren Arbeitskräfte; wenn sie ihre Aufgaben erledigt hatten, blieben sie sich selbst überlassen. Männer und Frauen bildeten eine Produktionsgemeinschaft und sicherten gemeinsam das Überleben der Familie. Erst im 18. Jahrhundert begann man im Gefolge der Aufklärung damit, Kinder bewusst zu erziehen – Bildung rückte in den Vordergrund. Die glückliche Familie mit Mama-Kind-Idylle, auf die sich viele heute beziehen, wenn sie modernen Müttern ankreiden, dass sie »wider die Natur« leben, gab es, wenn überhaupt, erst seit der Industrialisierung, und sie war nicht unbedingt ein Paradies. Papa arbeitete in der Fabrik, Mama organisierte den Haushalt – wenn sie nicht selbst ebenfalls schuften musste, in einer Fabrik, als Näherin, Wäscherin, Amme, Dienstmagd. Hunger, Not und Gewalt ersetzten in vielen Familien das tägliche Brot.

Verblüfft las ich, dass die Vorstellungen, die ich von den »guten alten Zeiten« gehabt hatte, größtenteils falsch waren. Ich hatte die Frauen in vergangenen Jahrhunderten für eine Art Übermütter gehalten. Woher kam dieser Eindruck? Ich hatte doch genug Filme gesehen und Bücher gelesen, durch die ich ein realistisches Bild hätte entwickeln können. War diese falsche Vorstellung der Gehirnwäsche geschuldet, die ich seit meiner Schwangerschaft gegen meinen Willen schon so oft hatte erleben müssen, wenn mir erklärt wurde, was ich falsch machte? Die vermeintlich guten Mütter aus der Vergangenheit waren nach heutigen Maßstäben Rabenmütter, wenn man den Begriff so auffasst, wie er landläufig gedeutet wird! Ausführlich darauf einzugehen, würde den Rahmen dieses Buches sprengen, deshalb habe ich am Ende einige Titel aufgelistet, die mir die Augen geöffnet haben. Manche der Bücher stammen aus den Neunzigerjahren, als Feminismus noch ein Thema, kein No-Go war. Im Moment scheint es nicht in Mode zu sein, sich mit den Ursachen zu beschäftigen, warum so viele Mütter im Spagat und in der Vierteilung leben. Es gibt deutlich mehr Veröffentlichungen, die das Muttersein auf fatalistische Weise witzig beschreiben. Ich bin zu dem Schluss gekommen, dass der Mutterinstinkt stinkt, wenn er benutzt wird, um Frauen zu manipulieren, und zwar ganz gewaltig: nach Unterdrückung.

Der erste Kindergeburtstag

Am ersten Geburtstag von Emma begriff ich, dass mir noch viele Kindergeburtstage bevorstanden, mit Torte und Konfetti und Luftballons. Die laut platzen würden, wie meine Vorstellung vom entspannten Leben als Mutter. Emma war noch zu klein für eine Party, ich hatte mich im Internet schlaugemacht und gelesen, dass Kinder in ihrem Alter es toll finden, leere Kartons und Kisten zu öffnen.

»Diesmal kommen wir noch günstig weg«, sagte ich zu Alexander, der es sich nicht nehmen ließ, einen Kuchen zu backen mit einer Kerze darauf, die er dann für Emma ausblies. Auch die Kartons mussten wir für sie aufreißen, denn Emma strafte das Internet Lügen.

Vor dem Abendessen hielt Alexander so etwas wie eine kleine Rede. Sie begann zu mir gewandt: »Nun sind wir schon seit einem Jahr Eltern …« Sein Blick ruhte auf Emma, die gähnte, Geburtstag war anstrengend. »… und haben so ein tolles Kind. So unkompliziert, so lieb, ein Traum. Ich bin sehr glücklich Und ich liebe euch beide über alles.« Auffordernd schaute er mich an.

»Ich dich auch«, sagte ich schnell, obwohl meine Kehle eng war. Das sagte man jetzt wohl so. Es war schließlich ein großer Tag, Emmas erster Geburtstag. Aber ich war nicht so glücklich, wie ich wahrscheinlich hätte sein müssen. Und das machte mich noch unglücklicher.

Später las Alexander Emma eine Gutenachtgeschichte vor, obwohl sie die noch nicht verstand. Aber sie hörte seine Stimme gern, und er liebte es, an ihrem Bett zu sitzen. Er spielte auch gern mit ihr. Er kochte gern für sie. Er legte gern ihre Wäsche zusammen. Er kaufte ihr gern Klamotten. Er ging sogar gern auf den Spielplatz.

Und ich?

Da wurde mir wieder einmal klar, dass ich die meisten Dinge, die mit Mutterschaft zu tun haben, noch immer nicht gern tat, obwohl ich doch immer geglaubt hatte, das würde schon noch werden, ich würde einfach hineinwachsen. An Emmas Geburtstag begriff ich, dass es nicht darum ging, das erste Jahr zu schaffen, um aus dem Gröbsten raus zu sein, wie es so schön hieß. Es lagen noch viele, viele Jahre vor mir, und so wie es im Moment aussah, stand mir das Gröbste noch bevor und würde mit jedem Jahr gröber werde. Weil Emma immer weniger schlief, immer mehr Aufmerksamkeit benötigte, weil es immer mehr Dinge gab, die geregelt werden mussten. Krippe, Kindergarten, Schule, Elternsprechstunde ... Was, wenn Emma eine schlechte Schülerin wäre oder nicht gern zur Schule ginge, jede Hausaufgabe ein Kampf, später falsche Freunde, Drogenprobleme ... mir wurde jetzt schon schlecht. Meine ganze Zukunft würde um Emma kreisen. Welches Wahlfach, welche Klamotten, wie viel Taschengeld, ein eigener Computer ab wann? Und wenn es dabei bliebe, musste ich sehr dankbar sein, denn Kinder konnten auch krank werden. Es gibt wohl nichts Schlimmeres, als sein eigenes Kind leiden zu sehen. Da war der ganz normale Alltag doch ein Klacks. Ein Alltag, der ungefähr so aussieht:

Eine Mutter, die fünf Monate stillt, spendet ihrem Baby rund 150 Milchtüten, geht man von einem Liter Milch pro Tag aus.

Bis zum Alter von drei Jahren werden rund 5500 Windeln gewechselt, die zusammen knapp 800 Kilo wiegen. Sollten Pausenbrote geschmiert werden, summieren sich diese bei elf Schuljahren auf ungefähr 4600. Pro Kind werden in achtzehn Jahren 28 251 Kleidungsstücke gewaschen, so berechnet der Haushaltshilfen-Onlinevermittler Helpling die … Mutterliebe? Nein, das ist keine Liebe, das sind Dienstleistungen, aber an ihnen wird die Liebe abgelesen. Diese Tätigkeiten waren nicht mein Problem, das war Pipifax, aber es hing ja so ungemein viel anderes dran. Der Druck, alles richtig zu machen, belastete mich, und alles zusammen riss immer größere Fetzen aus meiner Zeit. Die Möglichkeit, Kind und Beruf zu verbinden, schrumpfte im Wochenrhythmus. Wie die Qualität meiner Beziehung. Seit Emma auf der Welt war, begegneten Alexander und ich uns vor allem als Eltern. Manchmal kam es mir so vor, als wären wir lediglich Emmas Versorgungsgemeinschaft. Sollte das alles gewesen sein und so bleiben für die nächsten Jahre, Jahrzehnte? Dass ich als Dienstleisterin mit einem Dienstleister in einer Versorgungszweiheit lebte?

Als Emma eingeschlafen war, fasste ich mir ein Herz und sagte zu Alexander: »Ich habe es noch immer nicht überrissen, dass das unser Kind ist.« Ich hatte eigentlich etwas anderes sagen wollen, aber es war schwer, die richtigen Worte zu finden.

Alexander lachte mich an. »Toll, oder?« In seinem Gesicht las ich nicht den geringsten Zweifel, dass alles richtig war, genau so, wie es war. Für Alexander stimmte unser Zusammenleben. Ich sah es ihm nicht nur an, er erzählte es auch überall. Dass Emma und das Familienleben seine Erfüllung wären. Manchmal glaubte ich einen kleinen Vorwurf zu hören.

Alexander hätte gern ein zweites Kind gehabt. Ich wollte sein Glück an Emmas Geburtstag nicht trüben. Vielleicht wäre ich in der Vaterrolle auch glücklich. Bei Alexander war alles so wunderbar eingeteilt. Er war zu Hause für Emma zuständig und im Job für seine Projekte. Sein Leben war nicht zerrissen, er war nicht nervös, wenn Emma unruhig war, weil er wichtige Telefonate führen musste, weil er zu Hause gar nicht in diese Verlegenheit kam.

»Ja«, sagte ich. »Super.« Und fühlte mich noch ein Stück einsamer. Denn es stimmte ja. Ich hatte den tollsten Mann der Welt, wie meine Freundinnen nicht müde wurden, mir vorzubeten.

»Wieso beschwerst du dich, gerade du, wo du so einen hilfsbereiten und verständnisvollen Partner hast!«

»Ich sehe das alles doch auch. Alexander verhält sich großartig. Und trotzdem hat sich mein Leben so krass verändert.«

»Aber das ist doch normal.«

»Sicher«, gab ich kleinlaut zu.

Rückblickend glaube ich, dass ich mir an Emmas erstem Geburtstag zum ersten Mal eingestand, dass ich es bereute, Mutter geworden zu sein. Ja, es hatte immer wieder solche Momente gegeben in den Monaten zuvor, doch da hätte ich das noch nicht so drastisch formuliert oder wenn, dann als Provokation oder Scherz. Da war ich nicht anders als die witzelnden Mütter, denen ich gerade ihr Witzeln ankreidete.

Als ich es wagte, die Wörter Kind und Reue in einem Satz zu verbinden in der Nacht nach Emmas Geburtstag, verschlug es mir den Atem. Ich musste aufstehen, raus aus der Enge des Betts, und lief im Wohnzimmer auf nackten Sohlen auf und ab. Als könnte ich vor dieser Erkenntnis weglaufen. Denn so was sagte man nicht. Man dachte es nicht mal. Es war Frevel, Frevel, pfui. Und was war das überhaupt für eine

Frage! Die stellte sich doch gar nicht! Ein Kind bedeutete Glück. Und wenn die beiden Wörter Mutter und Reue zusammentrafen, dann höchstens in der Frage: Bereust du es, keine Kinder bekommen zu haben?

Ich hatte noch nie von einer Frau gehört, die in der Öffentlichkeit zugegeben hatte, ihre Mutterschaft zu bereuen. Außer vielleicht, ihr Kind wäre zum Massenmörder geworden. Und selbst dann konnte eine Mutter noch zu ihrem Kind halten, denn Mutterliebe ist die tiefste Liebe auf der Welt. Mutterliebe verzeiht alles ... oder?

Wahrscheinlich war ich einfach ein bisschen melancholisch. Vielleicht kriegte ich auch bald meine Tage. Ich hatte wohl eine Art Kater nach dem ersten Jahr Mutterschaft. Bloß komisch, dass ich im Netz nichts darüber fand. Nur die üblichen Andeutungen, die, wie es sich gehörte, mit Witzchen für ungültig erklärt wurden. Schönreden kannte ich schon. Es schien ein Allheilmittel zu sein und ging so weit, dass jede Kritik oder schlechte Laune, die eine Mutter zum Ausdruck bringt, sofort verniedlicht und als Späßchen deklariert wird. Niemand darf die Verzweiflung und den Ernst, das Elend spüren, das dahintersteckt. Ich habe viele aktuelle Bücher gelesen, und die meisten waren in diesem witzigen Tralala-Stil verfasst. Zwischen den Zeilen glaubte ich herauszulesen, dass es Momente gab, in denen die Autorinnen ihre Mutterschaft ein klitzekleines bisschen bereuten. Im nächsten Absatz wälzten sie sich in der Kinderkotze, die sie, ohne mit dem Magen zu zucken, aufschleckten. Damit ja niemand glaubte ... ja, was? Dass sie Menschen waren und nicht grenzenlos belastbar? Und dann wirft das Kind das neue Handy ins kochende Nudelwasser, und ins Bett gehen will es sowieso nie. Da ruft der Vater am Mittwochabend, den einzig freien zwei Stunden der Mutter, in der Yogastunde an, weil Yasmina nicht ins Bett möchte, er ist verzweifelt, er hat schon alles versucht: Könntest du bitte gleich nach Hause kommen? So was würde Alexander niemals tun. Ich musste dankbar sein, tralalala dankbar. Und schweigen.

Einige Tage nach Emmas Geburtstag vertraute ich mich meiner Freundin Diana an. Vorsichtig tastend näherte ich mich dem Thema. Ihre Reaktion ließ mich sofort ein Witzchen darüberlegen. Wir lachten dann gemeinsam und wechselten das Thema. Jennifer, bei der ich es als Nächste versuchte, lachte nicht. Sie schaute mir tief in die Augen und meinte, ich sollte vielleicht mal zu einer Psychologin gehen.

»Warum das denn?«, fragte ich, schon ein bisschen trotzig.

»Weil eine Mutter ihr Kind liebt.«

»Aber ich liebe Emma doch, verdammt noch mal. Über alles liebe ich sie.«

»Dann benimm dich auch so.«

Ich merkte, dass ich in einem Dilemma steckte, das ich nicht einmal formulieren konnte – und durfte. Ich beschloss, diese Sache für mich zu behalten und irgendwie das Beste daraus zu machen. Ich lebte wie in einem Vakuum. Mütter konnten oder wollten mich nicht verstehen, und kinderlose Frauen tummelten sich in einer anderen Welt – dort, wo ich zuweilen auch gern gelebt hätte. In diesem Paradies wusste man morgens nicht, was man mittags tun würde, 15 Uhr war eine Uhrzeit, kein Fallbeil, das einen Tag in zwei Hälften hackte. Man konnte seine Wohnung verlassen, wann immer man wollte, einfach so. Schlüssel in die Hand und raus. Da trug man keine Tasche mit Kinderutensilien, man ging auf die Straße ohne Ersatzwindel, Schnuller, Stofftier. Ja, man könnte sogar einfach so in die S-Bahn steigen, nur ein Schritt, ein kleiner vom Bahnsteig in den Waggon, ohne zu rangieren mit einem unhandlichen Kinderwagen, und zum Flughafen fahren und last minute irgendwohin fliegen und hätte nur ganz wenig Gepäck. Vielleicht nur den Pass und die Kreditkarte. Ich war stolz darauf gewesen, mit wie wenig Gepäck ich verreiste, ich kam mit 8, 9 Kilo drei Monate aus. Heute benötige ich dasselbe Gewicht für einen Nachmittag mit Emma am See. Aber was brauchte man schon im Paradies – nichts! Ich hatte Heimweh nach jenem Land, und es wurde schlimmer, als ich erkannte, dass Heimweh das falsche Wort war: Ich litt an Fernweh, und ich wusste nicht, wann ich es stillen könnte, ob überhaupt, und meine Melancholie war unheilbar, weil mir mein Leben früher besser gefallen hatte.

Krippencrash

Je älter Emma wurde, desto weniger schlief sie, und je weniger sie schlief, desto weniger konnte ich arbeiten. Vielleicht sollte ich sie doch in eine Krippe geben? Verrückterweise hatte ich immer geglaubt, Krippenplätze stünden nur angestellten Mütter zu, nicht Freiberuflerinnen. Das ärgerte mich jetzt, weil ich natürlich viel zu spät dran war, wie meine Telefonaktion bei diversen Krippen ergab. Die meisten lachten mich schlichtweg aus. Von anderen Müttern erfuhr ich, dass sie sich schon während der Schwangerschaft um einen Krippenplatz beworben hatten, eine sogar unmittelbar nach ihrem positiven Schwangerschaftstest.

Ich bekam den wertvollen Tipp, mich am besten zusätzlich um einen Kindergartenplatz zu bewerben, auch dafür sei ich schon sehr spät dran.

»Aber Emma soll erst in knapp zwei Jahren in den Kindergarten!«, rief ich.

»Eben«, sagte eine nette Dame am Telefon und gab mir noch einen guten Tipp: »Vielleicht suchen Sie eine Krippe mit angeschlossenem Kindergarten. Wenn Ihre Tochter da mal eingecheckt ist, wechselt sie später einfach die Gruppe und bleibt mit ihren vertrauten Spielkameraden zusammen.«

Bingo! Leider war dieser gute Ratschlag alles andere als ein Geheimtipp – und die Krippen mit Kindergarten waren ausgebucht mit Wartelisten im dreistelligen Bereich. Muss ich erwähnen, dass mich die Krippenfrage zwei Wochen lang beschäftigte? Nein, noch viel länger, denn ich wurde persönlich vorstellig in der Hoffnung, das würde einen besseren Eindruck machen. Auch diese Idee hatte nicht nur ich. Womöglich hätte ich überall einen 100-Euro-Schein für die Kaffeekasse hinterlassen müssen? Ich kenne einen Piloten, der einer Krippe 1000 Euro spendete für einen neuen Sandkasten auf dem Spielplatz. Sein Sohn überholte die Warteliste auf der Standspur. Abends schoben Alexander und ich Möglichkeiten hin und her. Wieder einmal überlegten wir, ob er versuchen sollte, halbtags zu arbeiten, obwohl es weder arbeitgeberseitig noch finanziell machbar war, ob wir uns eine Tagesmutter leisten könnten und wie das alles für Emma wäre. Oder ob ich vielleicht versuchen sollte, irgendwo als festangestellte Teilzeitkraft unterzukommen. Auch mit dieser Idee waren wir nicht allein. Es gab gefühlte Millionen von Frauen, die Halbtagsjobs suchten, wir befanden uns mit unserer Zukunftsplanung in bester Gesellschaft: Bei 45 Prozent der Paarbeziehungen mit Kindern arbeitet der Mann Vollzeit und die Frau Teilzeit.[25]

In Sachen Krippe – Voraussetzung auch für eine Teilzeitstelle – bekamen wir den Tipp, uns an das Sozialreferat zu wenden, da uns laut Gesetzgeber ein Krippenplatz zustand. Konnte der nicht gewährt werden, musste uns der Staat eine Tagesmutter teilfinanzieren, vorausgesetzt, es gab noch eine mit freien Plätzen. Alexander und ich warfen uns in Schale, putzten auch Emma heraus – es ging schließlich um unsere Zukunft! – und bekamen von einer netten Sachbearbeiterin im Sozialreferat tatsächlich drei Adressen. Wir erfuhren, dass die Kosten für eine Tagesmutter gehaltsunabhängig waren: Wir würden 220 Euro im Monat bezahlen – also jeder

110 –, den Rest würde die Stadt München aufstocken. Alexander war skeptisch. »Wenn das mal keine Übrigbleiberinnen sind.« Doch, es waren welche. Bei zwei der Frauen war uns klar, dass wir Emma nicht in ihrer Obhut lassen wollten, weil sie einen völlig überforderten Eindruck machten, eine wohnte noch dazu am anderen Ende der Stadt, was eine einstündige Anfahrt bedeutet hätte. Außerdem stimmte die Alterszusammensetzung nicht, Emma wäre mit Abstand die Jüngste und würde womöglich links liegen gelassen. Bei der dritten Tagesmutter hatten wir Glück. Margarete Kurz-Hollenberg, eine herzliche Frau Ende fünfzig, hatte den freien Platz gemeldet, weil eines »ihrer« Kinder ins Allgäu gezogen war.

Frau Kurz-Hollenberg war mir auf Anhieb sympathisch.

»Eigentlich wollte ich gar kein Kind mehr aufnehmen«, teilte sie mir zu meiner Enttäuschung mit, während sie Emma nachdenklich betrachtete. »Vier sind genug. Aber es ist wohl ein Notfall?« Emma interessierte sich für das bunte Armband der Tagesmutter, die sie schon deswegen toll fand.

»Na ja«, sagte ich. Was war ein Notfall. Nein, ein Notfall waren wir nicht, erklärte ich, weil ich mir unter Notfall etwas vorstellte wie alleinerziehend mit Burn-out, wofür ich später von Alexander getadelt wurde. Natürlich waren wir ein Notfall. Also ich. Das sah ich dennoch anders, vielleicht hatte ich auf der ganzen Welt zu viele Notfälle gesehen, um mich auch nur in die Nähe eines solchen zu rücken.

»Es gibt zwei Dinge, bei denen ich keinen Spaß verstehe«, erklärte Frau Kurz-Hollenberg uns unvermittelt.

Erschrocken fuhr ich zusammen. »Ja?«

»Ich will ernst genommen werden.«

»Äh, selbstverständlich«, sagte ich, zögerte. »Aber wie meinen Sie das?«

»Ich diskutiere keine Erziehungsfragen«, erläuterte sie. Ich begriff nicht, nickte aber. »Und zweitens?«

»Sie holen Ihre Tochter um Punkt 15 Uhr. Nicht drei nach drei, nicht fünf nach drei, und anrufen und verlängern geht überhaupt nicht.«

»Heißt das, Sie würden Emma nehmen?« – »Es heißt, dass Sie sie morgen für einen Probetag bringen können, wenn Sie wollen. Dann sehen wir weiter.«

Meine Mathe-Abiprüfung war ein Klacks gegen dieses Vorstellungsgespräch. Als ich wieder auf der Straße stand, war mein Rücken schweißnass.

Emma absolvierte den Probetag mit Bravour. Frau Kurz-Hollenberg bot mir sogar das kleine Du an, indem sie ihren Vornamen nannte, Margarete, als ich um 14:58 Uhr an ihrer Wohnung klingelte, und sagte mir, so ein unkompliziertes Kind habe sie überhaupt noch nie erlebt. Gern würde sie Emma in ihre Gruppe aufnehmen. Ich konnte mein Glück kaum fassen. Den ganzen Tag über hatte ich gezittert und mir ausgemalt, was alles schiefgehen könnte. Es machte mir nichts aus, dass die Tagesmutter zirka fünfzehn Minuten mit dem Fahrrad von uns entfernt wohnte. Klar wäre es praktischer gewesen, ich hätte in meinem Viertel eine Betreuungsmöglichkeit gefunden, aber dafür hätte ich mich womöglich anmelden müssen, ehe ich Alexander kennengelernt hätte.

Meine Freundin Jennifer fragte mich, wie oft Emma von einer Tagesmutter betreut werden sollte.

»An drei Vormittagen«, sagte ich und hatte ein bisschen ein schlechtes Gewissen. War das nicht zu viel? Andererseits standen uns laut Sozialreferat vier Vormittage zu.

»Drei sind viel zu wenig!«, widersprach Alexander, als ich noch mal mit ihm darüber redete. »Buche die Tagesmutter auf jeden Fall für das Maximum, du jammerst doch oft genug, dass so viel liegen bleibt.«

Im Nachhinein war ich ihm dankbar für den Tipp, denn natürlich hatte er recht, und ich klagte auch noch über Zeitnot, als Emma von Montag bis Donnerstag von 8 bis 15 Uhr bei Margarete weilte. Was nach viel Zeit klingt, schrumpft rasant zusammen, und es gab nur selten Tage, an denen ich bis 14:30 Uhr fertig war und losfuhr, um Emma zu holen. Immer blieb etwas liegen. Meistens radelte ich um 14:42 Uhr los und kam dann völlig abgehetzt bei Margarete an. Die kommentierte das nicht. Hauptsache, ich war pünktlich.

Emma ging von Anfang an sehr gern zu Frau Kurz-Hollenberg, und mir wurde schnell klar, dass diese Frau ein Goldgriff war. Sie war herzlich, kompetent, konsequent, und alle Kinder liebten sie. Alexander brachte Emma morgens vor der Arbeit zu Margarete. Die Tagesmutter strukturierte unseren Alltag. Ich kümmerte mich nun von Montag bis Donnerstag zwischen 15 und 18 Uhr um Emma, vorher arbeitete ich nicht nur, sondern erledigte auch, was eben zu tun war und mit Emma im Schlepptau kompliziert wäre, dann übernahm Alexander sie. Nach dem gemeinsamen Abendessen brachte er sie ins Bett, und ich arbeitete weiter. Am Freitag betreute ich Emma den ganzen Tag und konnte nur wenig arbeiten, da sie immer mehr Aufmerksamkeit forderte. Bei schönem Wetter ging ich mit ihr auf den Spielplatz, und wir spielten zu Hause. Hin und wieder besuchte mich jemand, dann hoffte ich, dass Emma uns ungestört lassen würde, am besten, weil sie müde war und ein langes Schläfchen machte.

Autorin war wirklich der ideale Mutterberuf, wenn auch nicht mein Traumberuf, wie ich feststellte, als ich mit der Arbeit an einem Mongolei-Reiseführer begann, zu dem mich ein Verlag beauftragt hatte. Aber jedes Mal, wenn ein Veranstalter anrief und mich fragte, wann ich mit einem neuen Vortrag touren würde, versetzte es mir einen Stich. Denn um diesen neuen Vortrag anzubieten, müsste ich zuerst einmal reisen und fotografieren – und das war mit Emma nicht zu bewerkstelligen. Also musste meine geliebte Tätigkeit als Vortragsreferentin ruhen, und ich konnte nur hoffen, dass sie nicht sterben oder dass es mir gelingen würde, sie irgendwann wiederzubeleben. Der Reiseführer schien ein guter Kompromiss zu sein, so blieb ich jedenfalls im Thema. Doch bald merkte ich, dass ich die Manuskriptabgabe mit Emma an der Seite niemals termingerecht schaffen würde. Ich hatte zu wenig Ruhe, um gewissenhaft zu recherchieren. Also holte ich mir als Koautorin Nicole Funck in die Jurte. Auch bei *Heimatroulette* hatte ich mit einer Koautorin gearbeitet, Shirley Michaela Seul, derselben wie in diesem Buch. Ich bin nun mal eine Teamplayerin, was allerdings meine Einkünfte mindert. Ich kümmerte mich zwar um weitere Jobs, doch sie flatterten nicht mehr so zahlreich ins Haus wie früher. Manchmal spürte ich bei meinen Gesprächspartnern Ressentiments. Mit einem Kleinkind an der Backe galt ich offenbar als unzuverlässig und hormongeschüttelt und hatte mutmaßlich geistig schwer nachgelassen. Vielleicht sollte ich mir ein Puzzle mit zehntausend Teilen kaufen? Nein, ich saß bis spät nachts am Rechner, und nicht selten fragte ich mich, warum ich mir das angetan hatte. Phasenweise war es wie an der Amalfiküste. Am Wochenende unternahmen Alexander und

Emma Ausflüge, und ich blieb zu Hause und arbeitete. Schließlich musste ich den Freitag reinholen, an dem ich Emma ganztägig betreute. Doch als der Reiseführer mit dem *ITB Buchpreis 2015* ausgezeichnet wurde, waren alle Mühen vergessen!

Durch die arbeitsfreien Freitage lernte ich nun immer mehr Mütter kennen und erfuhr, wie manche von ihnen ihre Tage verbrachten. Da stand die Förderung des Kindes an allererster Stelle. So ein bisschen Spielen und frische Luft genügten ja nicht. Viele gingen zum Babyschwimmen und nahmen an irgendeiner Frühförderung teil, ob musikalisch oder künstlerisch oder was auch immer.

»Macht das denn Spaß?«, fragte ich und wurde streng beäugt.

»Darauf kommt es ja wohl nicht an, dass du Spaß hast. Wichtig ist es, in diesem frühen Entwicklungsstadium alles zu geben, um das Kind optimal zu fördern.«

»Klar«, haspelte ich.

Diese Förderung hatte natürlichen ihren Preis. Ich müsste sehr viel arbeiten, um so viel zu verdienen, dass ich mir das leisten könnte, nur leider hätte ich dann keine Zeit mehr, Emma dorthin zu begleiten und müsste eine Babysitterin beauftragen, das zu übernehmen.

Schon das eher kleine Mutter-Kind-Zentrum in meinem Viertel bot eine Reihe von Kursen an, zum Beispiel *Turn Kätzchen,* einen Sportkurs für Kinder im Alter von eineinhalb bis drei Jahren, bei dem, untermalt von Musik, die Welt der Bewegung entdeckt wurde. Sportmuffel konnten Mandarin lernen, also Hochchinesisch, um sich auf ihre spätere Karriere in einem internationalen Unternehmen vorzubereiten. Eltern wurden auch gefördert, sie konnten sich in der Babyzeichensprache fortbilden, es gab Babyyoga und Babyshiatsu, Babyatmen und diverse Krabbelgruppenangebote. Am PEKIP, dem Prager Eltern-Kind-Programm, nahmen fast alle Familien im Viertel teil, die des Deutschen einigermaßen mächtig waren. Die anderen hätten wahrscheinlich kostenlos mitmachen können, wussten aber vielleicht nichts davon. Das PEKIP soll Eltern über Wahrnehmungsübungen und Bewegungsspiele in die Lage versetzen, die Entwicklung des Kindes besser zu fördern. Und bei EIBA, dem Eltern- und Baby-Kurs des Roten Kreuzes, sollten Kinder Kontakt zu Gleichaltrigen bekommen und Eltern lernen, in der Kommunikation mit ihrem Kind dessen Bedürfnisse zu erkennen.

Wie hatten die Generationen vor uns das nur hingekriegt, ohne PEKIP und EIBA und wie sie alle heißen? Für meine Eltern hatte es seinerzeit nicht mal Kindergärten gegeben, geschweige denn Krippen. Und es war trotzdem etwas aus ihnen geworden, und es hatte auch noch für mich gereicht. Ich versuchte, Emma und mich zum Kleinkinderturnen anzumelden, weil es um die Ecke stattfand und mir besonders ans Herz gelegt wurde von einer netten Mutter mit zwei Jungs in der Pubertät, die ich manchmal beim Einkaufen traf. Leider waren die nächsten Kurse komplett ausgebucht. Ich hätte Emma natürlich woanders anmelden können für eine dreimal so lange Anfahrt und dreimal so viel Geld. Aber das war es mir dann doch nicht wert. So blieb ich mit Emma auf dem Teppich in unserer Wohnung, und wir turnten dort herum. Hin und wieder fiel mir das schlechte Gewissen in den Rücken. Förderte ich Emma genug? Würde ich ihre glorreiche Zukunft boykottieren, wenn ich ihr kein Babyschwimmen ermöglichte oder die Teilnahme am spielerischen

Begreifen der Quantenphysik? Dann wieder fragte ich mich, wie all die klugen Menschen in der Vergangenheit zu ihren Erkenntnissen gelangt waren, wie es ihnen gelungen war, ohne PEKIP und musikalische Frühförderung so etwas wie die Kaffeemaschine und das Delfinschwimmen zu erfinden.

Emma ging nach wie vor sehr gern zu ihrer Tagesmutter. Mittlerweile wusste ich auch, was Margarete mit ihrer Ansage bei unserer ersten Begegnung gemeint hatte. Manche Eltern wollten ihr Vorschriften machen, zum Beispiel über die Mahlzeiten ihrer Kinder oder das Spielzeug. »In meiner Wohnung herrschen meine Regeln«, pflegte Margarete dann zu erwidern. Ich stimmte ihr zu. Sie konnte nicht für jedes Kind extra kochen und das jeweils politisch korrekte Spielzeug heraussuchen. Timo keine Waffen und Penelope kein Plastik und so weiter. Ich wäre gar nicht auf die Idee gekommen, der Tagesmutter Vorschriften zu machen, zumal sie einen wirklich guten Job leistete. Doch damit war ich wohl ein Einzelfall. »Das Schöne an meiner Arbeit sind die Kinder«, pflegte Margarete zu sagen. Mittlerweile wusste ich genau, was sie damit meinte. Nun, ich war selbst ein Elternteil, aber gelegentlich war ich fassungslos über das Benehmen anderer Eltern. Viele setzten ihren Kindern zu wenig Grenzen, und so zogen sie kleine Tyrannen heran, die Erwachsenen ins Wort fielen, herumbrüllten, keine Manieren hatten, mit Straßenschuhen auf Sitzmöbeln herumsprangen, alles anfassten, nie mithalfen, völlig unselbstständig waren – unangenehme Prinzen und Prinzessinnen, die daran gewöhnt waren, dass ihre Umgebung sie rund um die Uhr bediente. Ich war sehr froh, dass Alexander und ich uns einig waren, Emma einen höflichen Umgang mit anderen Menschen nahezubringen. Und bei aller Solidarität mit ihr würden wir rüpelhaftes Verhalten nicht akzeptieren, sondern sie korrigieren, auch wenn sie unsere Tochter und als solche das wunderbarste Kind der Welt war. Hin und wieder staunte ich auch, wie manche Leute sich veränderten, wenn sie Kinder bekamen. Freigeister wurden zu Spießern, Lockere zu Verbissenen, sozial Eingestellte orientierten sich Richtung Konsum. Für mich war es ein großes Kompliment, wenn mir jemand sagte, meine Persönlichkeit habe sich durch Emma nicht verändert.

Eines Tages las ich, dass Kleinkinder bis zum Alter von eineinhalb Jahren kein Verständnis für Zeit und Raum hätten. Wenn ihre Mutter sie verlasse, würden sie nicht automatisch davon ausgehen, dass sie wiederkomme, und unter Umständen unter entsetzlichen Verlustängsten leiden, die Spuren in ihrem ganzen Leben hinterlassen könnten. Erst im Alter von achtzehn Monaten würden jene Kinder, die davor schon die Erfahrung einer sicheren Bindung gemacht hätten und nicht ganztags in eine Betreuungseinrichtung gegeben worden wären, ein Verständnis für Zeit und Raum entwickeln.

Ich war schockiert. Was hatte ich meiner kleinen Emma nur angetan? Aber ... konnte ich ihr etwas angetan haben, wenn sie so gern zu Margarete ging und dort fröhlich spielte und sich nicht an Alexander oder mich klammerte, wenn wir sie abgaben? Gab es irgendwo eine Studie, die das Gegenteil bewies? Ich war froh, dass ich so spät von Raum und Zeit gelesen hatte, sonst hätte sich der Zeitraum meiner Berufstätigkeit deutlich reduziert.

Elterncrash

Die Freitage waren die schwarzen Tage in meiner Woche. Montag bis Donnerstag kam ich einigermaßen klar. Freitage mochte ich nicht, weil ich Emma da den ganzen Tag hatte, und das war mir zu lang, nicht nur, weil dabei so viel Arbeit liegen blieb. Die immer gleichen Spiele stressten mich, weil ich daran dachte, dass ich noch so viel Dringendes zu erledigen hätte. Aber zum Glück machte Alexander das alles Spaß; unermüdlich schaute er mit Emma Bilderbücher an, baute Legotürme, Puzzlebilder und spielte auch mit Puppen. So bügelte er mein Versagen wieder aus. Ich hatte einmal gelesen, dass es Menschen gibt, die nichts mit Säuglingen und Kleinkindern anzufangen wissen. Wahrscheinlich gehörte ich dazu. Bestimmt würde alles besser werden, wenn Emma sprechen konnte. Dennoch gab es Sachen, die mir Spaß machten, wie Klettern – Emma kraxelte an mir hoch –, auf dem Sofa herumspringen oder sich kitzeln. Aber in der Regel war ich heilfroh, wenn Alexander nach Hause kam und sich um Emma kümmerte. Doch manchmal diskutierten wir nun, wer Emma wann hüten sollte, vor allem abends und am Wochenende. Alexander wollte auch mal mit Freunden auf ein Bier gehen. Oder ins Kino. Zu einer Vernissage. Auf eine Lesung. Dann verhandelten wir, und jeder versuchte, seine Wünsche durchzudrücken, dem anderen zu beweisen, dass das jetzt echt wichtig war. Ich führte an, dass ich am Wochenende frei haben wollte, weil ich mich von Montag bis Donnerstag ab 15 Uhr und den ganzen Freitag um Emma kümmerte.

»Bis Spätnachmittag«, widersprach Alexander.

»Das ist quasi der ganze Tag, weil ich ab Mittag am Freitag in vielen Büros keinen mehr erreiche.«

Zum Glück einigten wir uns meistens. Aber diese Diskussionen gefielen mir nicht, weil wir Emma dabei behandelten wie einen Gegenstand, der hin und her geschoben wurde. Doch ich wusste auch keine andere Lösung. Und hatte eine Riesensehnsucht danach, einfach mal wieder mit einer Freundin um die Häuser zu ziehen. Ein Buch zu lesen in drei Tagen. Durch die Stadt zu bummeln ohne Kinderwagen. Mir die Zehennägel zu lackieren, ohne ständig unterbrochen zu werden. Einmal etwas von vorne bis hinten absolvieren ohne Pause. Denn egal, was ich begann, ich musste unterbrechen, ob Fensterputzen, einen Artikel lesen, telefonieren – Emma brauchte etwas, Emma rief nach mir, Emma hatte sich das Knie am Tischbein angestoßen, Emma weinte aus purer Langeweile. Ich wurde fahrig und nervös und fühlte mich schuldig, weil es mir etwas ausmachte, von meinem eigenen Kind unterbrochen zu werden. Es war doch viel wichtiger als beispielsweise ein Telefonanruf. Aber hier stimmte etwas nicht. Einerseits wird von uns modernen Menschen erwartet, dass wir konzentriert und ohne uns ablenken zu lassen oder uns zu verzetteln, Aufgaben erledigen und jederzeit Herr und Frau der Lage sind. Andererseits wird das alles mit einem Kind auf den Kopf gestellt, und das soll man dann irgendwie ausbalancieren, ohne wiederum die vorgenannten Eigenschaften einzubüßen. Fähigkeiten, die mir im Job halfen – rational gerichtetes Denken, Planen und Handeln –, sollte ich eben mal kurz wegklicken und eine völlig andere Benutzeroberfläche öffnen. Leider war dort nur ein Bildschirmschoner zu sehen. Bunte Luftballons schwebten von links nach rechts und von oben nach unten. Emma betrachtete sie mit Vergnügen, doch ich langweilte mich dabei. Was mir wiederum ein schlechtes Gewissen machte, weil ich mich doch darüber freuen müsste, wenn mein Kind so versunken die Fähigkeit übte, sich konzentriert in etwas zu vertiefen.

Kinderkater

Mit ungefähr eineinhalb Jahren machte es Emma keinen Spaß mehr, allein zu spielen. Mama sollte mitmachen. Sie stampfte nun schon mal mit den Füßen auf oder schrie los, wenn ihr nach Bespaßung zumute war. Und je mehr Wörter sie lernte, desto mehr redete sie auch. Bald schon sollte sie sehr viel reden, und ich antwortete manchmal wie ein Automat.

»Schau mal Mama, Wauwau.«

»Ja.«

»Wauwau, Mama.«

»Ja, das ist ein Hund.«

»Wauwau.«

»Ja, so macht der Hund. Wauwau. Und wie macht die Katze?«

»Miau.«

»Und wie macht die Kuh?«

»Muh!«

»Und wie macht der Hahn?«

»Kikeriki, Miau, Wauwau, Wauwau. Wauwau!«

So ging es nun tagein, tagaus. Emma eroberte sich die Welt, indem sie sie benannte. »Teller, Gabel, Messer, Ball, Teddy, Bett, Tuchen.«

»Nein, Emma, Kuchen.«

»Tuchenkuchen, Tuchenkuchen, Kuchen, Kuchen, Tuchen, Muchen, Mama Miau.«

Natürlich kann man etwas lesen, während die Tochter dadaistische Lyrik rezitiert oder ein Bilderbuch kommentiert. Aber eben nicht wirklich konzentriert, und alles dauert länger, man macht Fehler. Letztlich wird man keiner Aufgabe wirklich gerecht, was ein ungutes Gefühl zurücklässt. Mein Hauptwort wurde nun »Gleich«.

»Mama, rausgehen.«

»Gleich.«

»Mama, Spielplatz.«

»Gleich.«

»Mama, Puzzle.«

»Gleich.«

Wenn das *Gleich* zu lange dauerte, machte Emma sich selbstständig, und dann konnte etwas passieren, das mich viel Zeit kosten würde. Sie konnte beispielsweise einen Schrank ausräumen oder was auch immer anstellen, und dann musste ich büßen, dass ich das *Gleich* in die Länge gezogen hatte. Es wäre einfacher, dachte ich, ich hätte ein externes Büro, ich könnte irgendwo in Ruhe arbeiten, und wenn ich zu Hause wäre, könnte ich mich, so wie Alexander, um Emma kümmern. Vielleicht brauchte sie auch mehr Kontakt zu anderen Kindern, vielleicht genügten die aus ihrer Gruppe bei Margarete nicht mehr?

Mütter brauchen keinen Sex

Ich besuchte die Frauen aus meinem Geburtsvorbereitungskurs, die sich einmal in der Woche als Krabbelgruppe trafen. Ich war mehrmals eingeladen worden, aber nie hingegangen, weil wir ja schon vor der Geburt nicht gut zusammengepasst hatten – wieso sollte es nun anders sein? Für Emma wollte ich es noch einmal versuchen. Als ich die zehn Kinderwagen im Innenhof des Mutter-Kind-Zentrums sah, wäre ich am liebsten umgekehrt, doch tapfer schritt ich voran. Für Emma. Schnell merkte ich, dass ich mir diesen Besuch hätte sparen können. Es hatte sich nichts verändert. Aber Emma spielte mit zwei Jungs, und so blieb ich eben in der Runde. Die Frauen redeten stellenweise in demselben seufzenden, nachsichtigen Tonfall darüber, wie beschissen es ihnen ging, den ich aus einigen der Bücher kannte, die ich zum Thema Muttersein gelesen hatte. Sie beschrieben den absoluten Horror – Kind schreit nächtelang, Kind hat tagelang Durchfall, Kind hat Brillantring der Oma ins Klo geworfen, Kind hat Notizen zur Doktorarbeit des Vaters gegessen – und lachten dabei und machten Witzchen, auch wenn sie selbst auf dem Zahnfleisch daherkamen. Wichtig war nur eins: Immer eine gute Mutter bleiben. In manchen Schilderungen blitzte Aggression auf, auch in mancher Maßregelung der Kleinen.

Philipp, nicht so doll.
Annasophia, komm zu mir.
Nein, Sebastian, nein.
Hörst du nicht?

Wer überhaupt nie zu hören schien, das waren die Männer, über deren Totalversagen als Väter heiter geplaudert wurde. Am Ende machten die Mütter alles selbst, weil sich die Väter zu blöd zum Wickeln, Baden, Ins-Bett-Bringen anstellten. Super Strategie, dachte ich. Wenn eine Frau etwas erzählte, dauerte es nicht lange, bis ihr eine andere ins Wort fiel, die betonte, dass das, was die Erste gesagt hatte, bei ihr gar kein Problem sei. Hin und wieder gab es auch einen Tipp – gegen Blähungen, gegen Juckreiz –, aber ich empfand die Atmosphäre hinter der vordergründigen Fröhlichkeit und Unbeschwertheit als lauernd und missgünstig.

»Und du?«, wurde ich gefragt.

»Emma ist bis jetzt eigentlich recht unkompliziert«, sagte ich und wollte gerade ansetzen, von ihrem Spleen zu berichten, dass sie eben nicht mehr gern allein spielte, da wurde ich belehrt:

»Mach dich da mal auf was gefasst, meistens sind gerade die unkomplizierten Säuglinge diejenigen, die später die größten Probleme bringen, wart's nur ab, bis deine Kleine in der Trotzphase ist.«

»Okay«, sagte ich und klinkte mich endgültig aus. Der Termin war Zeitverschwendung, diese Frauen und ich, wir harmonierten nicht. Ich fühlte mich nicht wohl, wahrscheinlich mochten sie mich auch nicht, ich passte hier nicht rein. Keine dieser Mütter war berufstätig, alle waren Vollzeitmütter, wir hatten kaum Gemeinsamkeiten, weil ihr Alltag anders aussah als meiner. Aber wo, verdammt noch mal, gab es eine Krabbelgruppe, die zu mir passte? Oder gab es die überhaupt nicht, weil Frauen in meiner Situation keine Zeit für Krabbelgruppen hatten? Nun, ich für meinen Teil würde nichts vermissen, wenn dies mein einziger Besuch einer solchen Veranstaltung bliebe.

Man sprach weitschweifig über Kinderthemen wie Stillen, Füttern, Wickeln, Vorteile von PEKIP, verschiedene Betreuungsstätten wurden verglichen, Hausmittelchen diskutiert, Kochrezepte ausgetauscht, am ausführlichsten wurde über jene Mütter gesprochen, die nicht anwesend waren. Ich saß mehr oder weniger stumm dabei und wurde immer nervöser, weil ich diese Zusammenkunft so überflüssig fand wie einen Kropf. Aber Emma spielte noch immer mit den Jungs. Ich fragte mich, ob alle diese Treffen genauso verliefen oder ob die Oberflächlichkeit an mir lag, weil ich ja eine Fremde in dem Kreis war. Ich versuchte mich daran zu erinnern, was die Frauen vor ihrer Mutterschaft gearbeitet hatten, und mir fiel ein, dass eine Lehrerin war, eine andere Rechtsanwaltsfachangestellte, eine Studentin, eine Grafikerin … interessierten die sich nicht mehr für ihr altes Leben? War denn alles mit einem Blubb im Babybrei versunken? Oder glaubten sie nur, das vorgeben zu müssen, um zur Mehrheit zu gehören? Und was wäre, wenn die Mehrheit gar keine echte, sondern eine eingebildete wäre? Vielleicht war es meine Aufgabe, frischen Wind in die Runde zu bringen? Ich holte tief Luft und fragte: »Und wie ist es so mit Sex bei euch?«

Ich hatte einfach gedacht, ich schneide mal ein wirklich interessantes Thema an, zumal ich am Vortag gelesen hatte, dass die meisten Paare nach der Geburt des ersten Kindes oft Monate, wenn nicht jahrelang keinen Sex mehr haben. Manche nie mehr. Was ja schade ist: Wenn man im Tausch für das Kind nie mehr Sex hat, das ist ein ziemlich hoher Preis. In meinem Fall bedeutete er den endgültigen Abschied vom Geburtsvorbereitungskurs respektive der Krabbelgruppe. Man erklärte mir, dass sich hier keine egoistischen Karrierefrauen treffen würden, sondern Mütter, denen das Wohlergehen ihrer Kinder am Herzen liege.

»Und was hat das mit Sex zu tun?«, konnte ich mir nicht verkneifen zu fragen, denn ich merkte deutlich, dass meine Frage wie eine Bombe eingeschlagen hatte. Die Blonde neben mir, deren hübsches Gesicht nun von roten Flecken gesprenkelt war, war aufgesprungen und zu ihrem Kind geeilt. Sie riss es hoch und umklammerte es, während sie mir böse Blicke zuwarf, als hätte ich angedroht, es zu entführen. Emma unterstützte mich und nahm dem Jungen neben ihr sein Stofftier weg, woraufhin der losheulte. Meine Tochter hatte bewiesen, dass der Apfel nicht weit vom Stamm fällt.

Auf dem Heimweg überlegte ich mir, ob ich einen Fehler gemacht hatte. Vielleicht besprach man solche Themen nicht im großen Kreis, sondern unter vier Augen und ausschließlich mit der besten Freundin.

Wenn Freundinnen Mütter werden

Leider hatte ich keine beste Freundin mit einem Kind in Emmas Alter. Der Alltag meiner Freundinnen war weit weg von meinem eigenen, und als ich Frauen gekannt hatte, die in einer vergleichbaren Situation lebten wie ich jetzt, war ich selbst auf einem anderen Trip gewesen. Heute wusste ich, dass ich mich ihnen gegenüber nicht gerade einfühlsam verhalten hatte. Ich hatte wenig Verständnis für sie aufgebracht. Sie redeten pausenlos von ihren Kindern, was mich langweilte, sie interessierten sich nicht mehr für meine Welt, die vormals unsere gemeinsame gewesen war, und so trennten sich unsere Wege. Vielleicht hatte ich selbst deshalb so viel Wert darauf gelegt, meine kinderlosen Freundinnen nicht mit Kinderthemen zu langweilen, doch es war etwas Verrücktes geschehen: Sie fragten mich ständig danach, wie es mir als Mutter ginge, sie waren diejenigen, die darüber sprechen wollten, während ich, wenn ich ohne Emma unterwegs war, nicht über sie reden, sondern den kinderfreien Abend genießen wollte.

»Aber sag doch mal, wie das jetzt ist. Bist du glücklich, glücklicher als vorher? Glaubst du, man versäumt was, wenn man kein Kind hat? Vermisst du was von früher? Das ist schon ein Hammergefühl, oder, wenn man mit seinem Kind an der Hand durch die Stadt läuft? Schauen dich Männer jetzt anders an? Hat deine Kleine auch so schlimme Blähungen? Was machst du, wenn sie schreit?«

Am wohlsten fühlte ich mich mit Frauen ohne Kinder, aber leider löcherten die mich am meisten, weil eine Frau ohne Kind im gebärfähigen Alter zuweilen unsicher ist, ob sie das bleiben soll, und jede Gelegenheit nutzt, sich eine Meinung zu bilden.

Es wird einem ja überall eingeredet, dass das Kind zum Frauenleben dazugehört. Ich glaube heute, dass ich mich gegen ein Kind entschieden hätte, wenn dieser Anspruch nicht so vehement vorherrschen würde. Ich bin auch aus Angst, etwas zu versäumen, Mutter geworden. Und jetzt ließ mich das Kinderthema nicht mehr los. Man sprach mit mir nicht mehr über Filme oder Reisen oder Politik oder irgendwelche Themen. Nur noch über Kinder. Ich ging dazu über, Emma zu verschweigen, wenn ich irgendwo jemanden neu kennenlernte. Natürlich hätte ich von ihr erzählt, wenn ich nach Kindern gefragt worden wäre, aber ich trug meine Mutterschaft nicht auf dem Präsentierteller vor mir her. Männer erzählen ja auch nicht jedem von ihrem Kind, zumindest im beruflichen Kontext.

Ich kenne eine Kriminalkommissarin, die ihren Beruf für sich behält, weil sie, kaum legt sie ihn offen, dazu befragt wird. Ungefähr so fühlte ich mich auch, wenn ich überall und immer genötigt wurde, von meinen Erfahrungen als Mutter zu berichten. »Gerade du! Ich meine – du bist doch so selbstständig gewesen. Und all deine Reisen. Erzähl mal, wie du das jetzt machst. Reist du überhaupt noch?«

»Klar«, sagte ich locker. Denn war ich nicht erst neulich an der Amalfiküste gewesen, wenn auch vierzehn Tage interniert in einem Hotelzimmer?

Wenn Freundinnen fremd werden

Plötzlich fiel mir Vanessa ein. Was wohl aus ihr geworden war?

Vanessa war die erste sexy Schwangere, die mir begegnete. Trug hautenge schwarze Bodys und darüber einen neongrünen Minirock. Sie verschlang keine Bücher über Schwangerschaft und keine Zartbitterschokolade, sie begann weder zu stricken noch einen Bauchtanzkurs für Schwangere, Vanessa blieb einfach Vanessa. Die meisten der Frauen, die ich zwischen zwanzig und dreißig kennenlernte, veränderten sich durch die Schwangerschaft – sie bauten ein Nest und waren nicht mehr daran interessiert, auszugehen. Sie waren nicht mehr an der Welt da draußen interessiert, die Welt wuchs in ihnen. Wenn wir uns trafen, meistens im Nest, fragten sie mich, ob ich gelbe oder lindgrüne Vorhänge wählen würde. Erschrocken senkte ich meine Stimme und sprach mit ihnen wie mit Kranken. Manchmal fragte ich mich aber auch, ob hinter Gelb und Lindgrün nicht mehr steckte, als ich wahrnehmen konnte. Vielleicht war die Farbe des Vorhangs von enormer Wichtigkeit, denn wenn dieser Vorhang sich hob, würde eine neue Welt sichtbar. Und wenn ich schon bei der Vorhangfarbe versagte, wie sollte ich dann die Bühne erkennen? Tja, nun stand ich selbst drauf. Was war eigentlich aus Vanessa geworden? Irgendwann, wenn ich mal

Zeit hätte, würde ich sie suchen. Und auch Patty würde ich googeln. Als sie mir damals eröffnete, dass sie das Kind behalten wollte, war ich einigermaßen verblüfft. Patty hatte ihre Schauspielausbildung mit Bravour beendet und ein Engagement in Berlin angeboten bekommen. Das würde sie noch schaffen, ehe man *es* sah. Dann würde sie das Kind bekommen, ein wenig pausieren und sich zielstrebig um ihre Karriere kümmern, die schon in mehreren Zeitungsartikeln als vielversprechend gepriesen worden war. Vier Monate später lag auf Pattys Küchentisch die Frauenzeitschrift *Brigitte,* und sie erzählte mir seufzend, dass sie überhaupt keine Lust habe, die letzten beiden Wochen ihres Engagements in Berlin zu spielen. Sie redete, als wäre ihr ganzes Leben vor der Schwangerschaft ein Irrtum gewesen. Am liebsten hätte ich sie geschüttelt: Patty, was ist mir dir los? Wo bist du? Aber das wagte ich nicht, zumal ich nicht entscheiden konnte, ob sie durchgeknallt war oder vielleicht ich, weil ich glaubte, etwas so völlig Normales sei ein Kurzschluss. Eine Frau veränderte sich nun mal, wenn sie Mutter wurde. Tatsächlich? Und was, wenn nicht?

Ein unbändiges Bedürfnis, mich bei Vanessa und Patty zu entschuldigen, überkam mich. Ich hatte die beiden verlassen, nein, wir hatten uns gegenseitig verlassen. Ich konnte mir damals einfach nicht vorstellen, wie gravierend sich das Leben veränderte, wenn ein Kind dazukam. Vielleicht hatten die beiden es auch leichter als ich, weil sie nie gehadert hatten. Verdammt, ich vermisste sie. Ich hätte so gern eine Freundin gehabt, mit der ich meine Gedanken teilen konnte. Aber die Kinder der beiden waren nun schon fast erwachsen! Ich hätte mehr Geduld haben müssen. Vielleicht auch mit mir selbst. Irgendwo musste es doch eine Mutter geben, mit der ich mich austauschen konnte! Vielleicht auf der Mutterbörse, dem Spielplatz? Emma liebte Spielplätze, und es hatte sich so eingebürgert, dass wir, wenn ich sie von der Tagesmutter abholte, zwei Stück besuchten – einen im Viertel der Tagesmutter, einen bei uns um die Ecke.

Supermütter im Sandkasten

Spielplatz ist nicht gleich Spielplatz, und das betrifft nicht bloß die Geräte und den Verschmutzungsgrad des Sandkastens. Das jeweilige Klientel prägt den Platz. Auf die Gefahr hin, mit Sandkuchen beworfen zu werfen, stelle ich fest, dass auf sogenannten Ausländerspielplätzen, wo sich in München vor allem Mütter mit Migrationshintergrund und oft auch aus finanzschwachen Familien treffen, sehr viele Süßigkeiten ausgegeben werden. Wogegen auf Upperclass Meeting Points schon eine getrocknete Mango Frevel ist. Wehe, du schenkst einem Fremdkind etwas zu essen. Kennst du die Ernährungsphilosophie, der seine Mutter anhängt? Heute kann ich über meine damalige Naivität, die mich auf den Spielplatz schickte, um Gleichgesinnte zu finden, nur den Kopf schütteln. Denn der Spielplatz, zumindest jener der Upperclass wie im Viertel der Tagesmutter, ist häufig kein freundlicher Marktplatz, sondern ein knallhartes Klettergerüst, auf dem die Kinder ihre ersten Sprossen auf der Karriereleiter nehmen. Wer ist am schnellsten oben? Neuankömmlinge auf dem Spielplatz werden taxiert. Welchen Wagen fährt dein Säugling? Hast du was zu essen für dein Kind dabei? Und was? Hast du an alles gedacht? Ersatzwindel, getrocknete Früchte, Spielsachen. Wie groß ist deine

Zubehörtasche, die du als gute Mutter, vorbereitet auf alle Eventualitäten, stets bei dir führst? Ersatzklamotten, Sonnenschutzmittel, homöopathische Notfallapotheke. Und ganz wichtig die Feuchttücher, mit denen alles desinfiziert wird, was dein Kind anfassen könnte. Welche Labels trägt dein Kind? Und du? Was kannst du dir leisten, was leistest du dir? Gehörst du zu den unglaublich vielen alleinerziehenden Müttern, die auf Hartz IV angewiesen sind?[26]

Wie verhält sich ein Kind in der Gruppe? Nimmt es einem anderen die Schaufel weg, fällt das genauso auf die Mutter zurück, wie wenn es schüchtern in einer Ecke des Sandkastens hockt. Alles fällt auf die Mutter zurück. Der Blick vieler Mütter ist erbarmungslos, besonders wenn die Fremdmutter einer anderen Glaubensgemeinschaft angehört. Biomütter und Burgermütter bleiben unter sich. Doch ein Gesetz scheint für alle zu gelten: Auf dem Spielplatz wird nur über Kinderkram gesprochen, und das meistens im Wettbewerbsmodus. Wie alt ist sie, seit wann läuft sie, ist sie schon trocken?

Nein, ich habe keine guten Erfahrungen auf Spielplätzen gemacht. Aber vielleicht saß ich auch auf den falschen Bänken. Jedenfalls habe ich das Verhalten von Müttern untereinander als unsolidarisch und stellenweise bösartig erlebt: im Zweifelsfall gegeneinander statt miteinander. Kindererziehung ist ein explosives Thema, und jeder, der Kinder anders erzieht als man selbst es für richtig hält, wird als Angreifer gewertet, den es zu vernichten gilt. Das erinnert an Religionskrieg. Ich kann keine Spielplatzstudie vorlegen, doch auf den Mutter-Kind-Treffpunkten, die ich besuchte, lief es so ab. Vielleicht habe ich auch nur Pech gehabt. Ich will nicht verallgemeinern, sondern von meinen Erfahrungen berichten, die sich nicht mit meinen Erwartungen deckten.

Ich hatte angenommen, auf dem Spielplatz träfen sich wohlgesonnene Menschen in einer ähnlichen Lebenssituation. Aber Bio und Burger und Berufstätige scheinen nicht kompatibel zu sein, zumindest nicht für jene, die sehr strenge Maßstäbe an ihre Geschlechtsgenossinnen anlegen. Wo leben wir eigentlich? Ist alles ganz anders, und viele Mütter fühlen sich auf Spielplätzen unwohl, spielen aber mit, weil das im Wort enthalten ist? Oder treffen sich auf Spielplätzen vor allem Mütter, die ihre Kinder als Projekt sehen, wie bereits beschrieben, und Projektarbeit gehört nun mal dazu? Und warum genießen Väter Sonderregeln?

Angenommen, Emma würde mit einem anderen Kind spielen und ich mein Smartphone zücken. Pfui Teufel, Rabenmutter, die interessiert sich nicht für ihr Kind. Würde ein Vater, den alle Frauen sofort super fänden, den Spielplatz besuchen und sich mit seinem Smartphone beschäftigen, wäre er ein toller Mann, weil er, obwohl er so viel zu tun hat, mit dem Kind auf den Spielplatz geht. Mein Eindruck, als Vater hätte ich deutlich bessere Chancen auf ein zufriedenes Leben mit Kind, verfestigte sich.

Zum Glück war ich nicht auf die Spielplatzfrauen angewiesen, um in Kontakt mit erwachsenen Menschen zu kommen, das geschah in meinem Job. Aber ich fragte mich, wie das wäre, wenn ich keinen Beruf hätte, wenn ich ihnen auf Gedeih und Verderb ausgeliefert wäre. Denn solche wie ich, die nicht ins Bild passten, wurden gemobbt, egal wie anständig sich ihre Kinder verhielten. Ich bin Emma unendlich dankbar, dass sie nicht ständig rief, was sie gerade machte. *Kuck mal Mama, ich schaukle. Kuck mal Mama, ich mach einen Kuchen. Kuck mal Mama, ich schaukle noch höher. Kuck, kuck, Mama, kuck mal wie hoch ich schaukle.*

Emma schaukelte einfach, und ich musste sie nicht pausenlos bestätigen.

Toll hast du eben eine ganze Faust voll Sand geworfen, toll bist du auf der Schaukel. Toll bist du das Klettergestell nach oben gekraxelt, toll stehst du da oben auf der Leiter, toll bist du da runtergerutscht.

Das veranlasste eine Mutter, die Frage in den Raum zu stellen: »Womöglich ist Emma schon so frustriert, dass sie gar keine Bestätigung mehr erwartet?«

Mit Missgunst und Fantasie lässt sich alles verdrehen. Und das will mir nicht in den Kopf. Warum gegeneinander, statt miteinander? Wir sitzen doch alle in einem … Sandkasten.

Ich kann mir das Verhalten vieler Mütter nur als Resultat ihrer Überforderung und des damit einhergehenden Frusts erklären, weil sie trotz aller Bemühungen, alles richtig zu machen, doch immer irgendwo scheitern. Hinzu kommt, dass ja die Aufgaben, die eine Mutter erfüllt, gesellschaftlich als Pipifax bewertet werden. Jeder spricht von einer dringend notwenigen Aufwertung auch des Berufs der Erzieherin. Aber es geschieht nichts. Also müssen Mütter sich selbst aufwerten, und das ist am einfachsten, wenn man andere abwertet, sie kritisiert, um dafür selbst gut dazustehen. Dieses altbekannte psychologische Muster nutzen vor allem Menschen, die über wenig Selbstbewusstsein verfügen. Es fragt sich nur, wie eine solche Mutter dieses Selbstbewusstsein entwickeln soll, wenn sie ständig geringgeschätzt wird.

Ich verfüge über das Selbstbewusstsein, mit einem provokanten Thema an die Öffentlichkeit zu gehen. Trainiert habe ich das, indem ich zu Mutter-Kind-Veranstaltungen, die ich hin und wieder mit Emma besuchte, beispielsweise keine Kuchen buk, sondern kaufte. Eine Bekannte vertraute mir an, dass ihr Kuchen auch gekauft sei, doch sie präsentiere ihn in einer Kuchenform von zu Hause, damit der Kuchen wie selbst gebacken wirke. So etwas käme mir nicht in den Sinn. Warum sollte ich etwas tun, was ich für albern hielt? Warum sollte ich Dinge, die ich ablehnte, gutheißen? Weil alle es taten? Das ist kein Kriterium für mich, eher eine Warnung. Natürlich gibt es Mütter – viele, glaube ich –, die gern backen. Fein, ich esse gern von ihrem Kuchen. Aber deswegen muss ich, die ich nicht gern backe, das doch nicht tun! Ich unterstützte stattdessen die Konditorei in meinem Viertel. Vielleicht sollte ich damit offensiv umgehen, weil viele Backbetriebe von Backstubenketten plattgemacht wurden. *Was? Du backst selbst, anstatt deine lokale Konditorei zu unterstützen?* Oder sollte ich kapitulieren und den nächsten gekauften Kuchen in eine Backform stellen – für Emma? Damit niemand auf die Idee käme, ihre Mama habe sie nicht lieb?

Meiner Meinung nach gibt es nur eine Chance, dem Mütterterror zu entkommen: arbeiten! Dann hast du keine Zeit, dich in Mütterkriege verwickeln zu lassen. Zeit, die dir im Übrigen fehlt, um deinem Kind zu begegnen, von Herz zu Herz. Denn sein Kind im teuersten Kinderwagen durch die Gegend zu kutschieren, den Nachwuchs bei zahlreichen Frühförderungen anzumelden, im Bioladen einzukaufen und Kuchen zu backen, heißt nicht, in echtem Kontakt mit dem kleinen Menschen zu sein. Im Gegenteil, bei all dem Bemühen, die Norm zu erfüllen, kann man einen kleinen Menschen leicht übersehen oder vergessen. Normen verhindern menschliche Begegnungen. Eine Mutter, die aufwendige Einladungskarten zum Kindergeburtstag bastelt, mag andere

Mütter damit beeindrucken, vor allem, wenn sie mit einer wegwerfenden Handbewegung unterstreicht, das sei doch nur ein Klacks gewesen. Was für eine Supermami! Ihr Image in der Community strahlt. Oder gibt es eine kritische Stimme, die ihr unterstellt, sich nicht genug um ihr Kind zu kümmern, weil sie ständig mit Schnickschnack beschäftigt ist? Aber was wissen wir schon. Man kann nicht reinschauen in die Menschen, in die Mütter. Im Zweifelsfall für die Angeklagte! Mit einer kleinen Einschränkung, denn für eins kann ich wirklich kein Verständnis aufbringen: Wenn Mütter sich in ihren Facebook- und WhatsApp-Profilen als Kleinkinder tarnen und womöglich im Wochenrhythmus ihr Profilbild ändern, das niemals sie selbst zeigt, sondern immer nur ihr Kind. So liebevoll rückt sie sich in den Hintergrund, die fürsorgliche Mami. Ja, gibt es sie denn überhaupt noch, also die Frau, die hinter der Mami steckt? Und in ihrer Chronik postet sie süße Babyfotos zuhauf mit der Aufforderung: Teile dies, wenn du eine liebende Mutter bist. Und alle klicken brav. Denn wer will sich schon nachsagen lassen, keine liebende Mutter zu sein. Wie schön, dass man Liebe heutzutage so einfach im Internet ablesen kann.

Emma soll eine Mutter haben, die ihr Gesicht nicht hinter einem Kinderfoto versteckt. Emma soll eine Mutter haben, die Farbe bekennt. Und ich hoffe, das kreidet sie mir eines Tages nicht an.

Vollzeitmutter in Teilzeit

Emma war knapp zwei Jahre alt, als ich mir eingestehen musste, dass ich mit der Vereinbarkeit von Kind und freiberuflicher Arbeit gescheitert war, zumindest in der Form, wie ich es mir vorgestellt hatte. Es mochte möglich sein, in meiner Branche mit Kind ein bisschen freiberuflich tätig zu sein, aber das brachte nicht genug Geld ein. Und es war auf Dauer zu unsicher, denn ich wusste ja nicht, ob meine Auftraggeber sich langfristig auf meine neue Situation einlassen würden. Ich arbeitete als Fotografin und in der Reisebranche – von zu Hause aus! Ich war jetzt auch nicht mehr die Feuerwehr, die man anrief, wenn es irgendwo brannte. Man konnte sich nicht mehr darauf verlassen, dass ich zwei Tage durcharbeitete oder mal schnell wohin flog, um die Kartoffeln aus dem Feuer zu holen. Gerade die lukrativen Spontanaufträge, die mir oft so großen Spaß gemacht hatten, musste ich ablehnen, weil ich keine Betreuungsmöglichkeit für Emma hatte. Wäre ich doch bloß netter gewesen zu den Frauen vom Geburtsvorbereitungskurs! Dann hätte ich jetzt vielleicht ein Netzwerk von Müttern, die Emma betreuen würden. Aber es widerstrebte mir nun mal zutiefst, mich in eine Heuchelmutter zu verwandeln, obwohl das sehr bequem war: Man konnte sich nicht leiden und war total nett zueinander, weil man aufeinander angewiesen war. Nimmst du meine Tochter, nehm ich deinen Sohn – diesen verzogenen Schratzen –, ach, der Oliver ist ja so ein Goldstück. Oder die Familie sprang ein, in der Not frisst der Teufel Fliegen. Ich habe einige Male beobachtet, dass sich das Verhältnis von Frauen zu ihren Müttern verändert, wenn sie selbst Mutter werden. Zum einen wird vieles aus der eigenen Kindheit aufgearbeitet, manche Beziehung verbessert sich, Mütter und Töchter rücken enger zusammen. Zum anderen kann aber auch eine neue Abhängigkeit entstehen, wenn die Oma die Enkel betreut und im Gegenzug gemeinsame Urlaube fordert oder Teilhabe am Familienleben der Tochter – warum nicht ein Mehrgenerationenhaus? Oder wenn sie das Enkelkind »verzieht«, was die Mutter dulden muss, da sie auf die Oma angewiesen ist, die nicht immer begeistert von dem neuen Job ist: Sie hat sich ihr Rentenalter vielleicht anders vorgestellt. Aber man kann die eigenen Kinder schließlich nicht im Stich lassen. Mir drängte sich der Eindruck auf, dass die Notlage vieler Frauen sie in ein Lügengebäude verstrickt aus Abhängigkeiten, Erwartungen, Frust, und alles zusammen schrumpft die Selbstbestimmung auf ein Minimum. Es geht dann irgendwann nur noch darum, Betreuungslücken zu stopfen, aber so was funktioniert nicht ohne Gegenleistung, eine Hand wäscht die andere. Ich war sicher, dass mir meine Eltern gern helfen würden, wenn ich spontan eine Betreuung für Emma bräuchte, doch sie wohnen 500 Kilometer von München entfernt. Alexanders Eltern waren noch weiter weg. Und das konnte doch wohl keine Lösung sein, dass man seine Eltern einspannte, wenn man ein Kind bekam. Oder nur noch taktierte und nett war, damit man es sich nicht mit potenziellen Betreuungspersonen verscherzte. So wollte ich nicht leben. Aber hatte ich denn eine Wahl? Sollte ich vielleicht auf allen vieren in den Geburtsvorbereitungskurs robben, zur

Wiedergutmachung einen selbst gebackenen Kuchen kredenzen, um Milde bitten und schwören, dass ich ab sofort brav wäre und nur noch solche Themen im Munde führen würde, die flutschten wie Bonbons? Hätte ich eine oder mehrere Freundinnen mit Kindern in Emmas Alter, wäre ich flexibler, aber es war müßig, darüber nachzudenken. Hätte, hätte, Fahrradkette – ich musste eine Lösung für meine Situation finden. Gewünscht hätte ich mir, wie die meisten Mütter, eine Teilzeitstelle mit zirka fünfundzwanzig Wochenstunden. Aber wünschen können sich Mütter viel, was »der Staat« als Kinderkram abtut, auch wenn es bei der Familienministerin angekommen ist – haben Familienministerinnen überhaupt etwas zu melden oder gehören sie eher zum »Gedöns«?

»60 Prozent der Paare mit kleinen Kindern halten eine Partnerschaftlichkeit bei der Vereinbarkeit von Beruf und Familie für das ideale Lebensmodell. Allerdings gelingt es nur 14 Prozent der Eltern, diesen Wunsch auch umzusetzen. Daher sind familienbewusste Angebote ein Schlüssel für mehr Partnerschaftlichkeit, damit Mütter und Väter ihre gewünschte Zeit für Familie und Beruf miteinander vereinbaren können«, sagt Manuela Schwesig in einer ministerialen Veröffentlichung.[27] Vielleicht müsste man Kinderfragen dem Arbeitsministerium unterstellen oder noch besser dem Finanzministerium. Dann würde sich sicher sehr schnell sehr viel verändern. Derzeit scheint noch nicht wirklich durchgedrungen zu sein, dass Kinder unsere Zukunft sind.

»Ich suche mir einen Halbtagsjob«, teilte ich Alexander mit.

Er riss die Augen auf. »Du? Einen Job? Du meinst in Festanstellung?«

»Genau.«

»Aber das wolltest du doch nie!«

»Ich will es noch immer nicht. Aber ich sehe keine andere Möglichkeit. Ich brauche einen regelmäßigen Verdienst, und wenn Emma krank ist, möchte ich zu Hause bleiben können, als Angestellte hat man da pro Jahr doch einige freie Tage.«

»Zehn«, warf Alexander ein.

»Ich könnte bei einem Notfall auch Urlaub nehmen«, fuhr ich fort. »Der wird mir dann bezahlt. Ich befürchte nämlich, dass die Freiberuflichkeit, zumindest in meiner Branche, mit einem Kind auf Dauer nicht durchzuhalten ist.«

»Aber du schreibst doch den Mongolei-Reiseführer«, wunderte Alexander sich.

»Den stelle ich natürlich fertig. Und du kannst mir glauben, dass es nicht einfach ist, das termingerecht hinzubekommen. Aber dann? Was ist danach?«

Er zuckte mit den Schultern. Er hatte einen sicheren Job. Er hatte sein Leben und als Bonus eine Tochter, mit der er seine Freizeit gern verbrachte. Und er interessierte sich im Grunde genommen wenig für meine Probleme. Zum ersten Mal gestand ich mir ein, dass ich, was meine Berufstätigkeit betraf, völlig allein war. Ja, Alexander unterstützte mich im Haushalt und in der Betreuung von Emma, in letzter Zeit jedoch ein wenig widerwillig, weil er keine Lust hatte, alle seine Abende und Wochenenden mit einem Kleinkind zu verbringen. »Es gibt nur noch Emma und den Job«, hatte er sich einmal beschwert und sich sofort entschuldigt und am nächsten Tag meine Leibspeise gekocht. Als wäre es für mich anders. Aber meine Stimme zählte weniger als seine, weil er mehr verdiente als ich und regelmäßig, und nun waren wir also so weit, dass das ins Gewicht fiel, dass unsere Beziehung in eine Schieflage zu geraten drohte. Das durfte nicht geschehen! Schon wegen Emma! Gerade wegen Emma! Für Emma.

Am kommenden Wochenende kaufte ich die *Süddeutsche Zeitung*, studierte den Stellenmarkt und suchte im Internet nach Jobs. Es gab viele interessante Angebote für Vollzeitstellen. Teilzeitstellen waren rar gesät und das meistens im Niedriglohnsektor, also dort, wo man Mütter gern einstuft. Nach der Geburt eines Kindes kehren Frauen in Deutschland im Durchschnitt nach etwa eineinhalb Jahren in das Arbeitsleben zurück oder planen dies. Ob es sich bei diesem Arbeitsleben um denselben Beruf wie zuvor handelt, steht auf einem anderen Blatt. Und auch, ob die Rückkehr freiwillig geschieht oder weil es sich die meisten Familien nicht leisten können, auf ein Gehalt zu verzichten. Jede zweite Frau beginnt in Teilzeit mit durchschnittlich vierundzwanzig Stunden pro Woche. Knapp zwei Drittel der Wiedereinsteigerinnen wären gern früher wieder berufstätig oder würden gern mehr arbeiten, doch dies lässt sich organisatorisch nicht realisieren, weil die Betreuungsmöglichkeiten für die Kinder fehlen.[28]

In den nächsten Wochen meiner Suche kam ich mir manchmal vor wie im falschen Film. War ich das, die ständig Stellenangebote las und hoffte, einen Vorstellungstermin zu ergattern? Ich erinnerte mich an meine Glücksgefühle, als ich dem Angestelltenleben vor vielen Jahren den Rücken gekehrt hatte. Ich hatte tolle Jahre bei Virgin Records und MTV verbracht, doch ich hatte mich weiterentwickelt und erkannt, dass die Freiberuflichkeit besser zu mir passte, zumal ich ja von der Musik- in die Reisebranche wechseln und auch als Fotografin arbeiten wollte. Es hatte mich viel Energie gekostet, diesen Sprung zu wagen. Ich hatte ihn nie bereut, weil diese Lebensform genau die richtige für mich war. Kein Dienst nach Vorschrift, keine Anwesenheitspflicht, sondern selbstständiges Arbeiten in selbst eingeteilten Zeiträumen. Doch jetzt hatte ich ein Kind. Für Emma würde ich mich ins Joch spannen. Vielleicht war dies das größte Opfer, das ich ihr brachte? Wenn ich überhaupt einen Job fand.

Vom Traumjob zum Albtraum

Und dann geschah ein kleines Wunder. Im Internet las ich eine Anzeige, mailte, bekam innerhalb von zehn Minuten Antwort. Der Abteilungsleiter eines Touristikunternehmens hatte mein Buch *Heimatroulette* gelesen und lud mich für den nächsten Tag zu einem Vorstellungsgespräch ein. Was er mir in einem längeren Telefonat vorab erklärte, klang wie ein Traum. Ich sollte Firmenreisen für Kunden aus dem arabischen Raum organisieren, halbtags! Der Verdienst war angemessen und das Büro des Unternehmens lag im selben Stadtviertel wie die Wohnung von Emmas Tagesmutter!!!

»Bestimmt finden wir uns unsympathisch und es wird nichts«, sagte ich auf dem Weg zum Erstgespräch am Handy zu Alexander. Ich konnte mir nicht vorstellen, dass alles glattlaufen sollte. Dass ich bereits seit Wochen einen Job suchte und viele Nietengespräche geführt und viele Enttäuschungen weggesteckt hatte, meistens weil der Verdienst so lächerlich war, dass ich bei meiner Steuerklasse nicht mal die Hälfte der Miete zahlen könnte, blendete ich aus.

Eine Stunde später hatten sich alle meine Befürchtungen

in Luft aufgelöst. Der Abteilungsleiter, ein kleiner Mann, den ich auf Mitte fünfzig schätzte, war nett, hatte selbst fünf Kinder von drei Frauen, wie er ein bisschen protzend erzählte, und zeigte viel Verständnis für meine Lage. Und das Beste: Meine Arbeitszeit war maßgeschneidert für Emmas Betreuung. Ich sollte von Montag bis Donnerstag von 9 bis 14 Uhr arbeiten und wurde nicht im Gehalt gedrückt, sondern ordentlich bezahlt. »Ich freue mich, dass Sie unser Inserat gelesen haben, Frau Fischer. Sie sind die Idealbesetzung. Sie sind in der Szene bestens vernetzt, man muss Sie nicht aufwendig einlernen, und Sie werden sicherlich viel Input mitbringen und das Team motivieren.«

Genau das hatte ich vor. Mit dem Schwung einer Freiberuflerin startete ich in die Festanstellung. Doch dann kam alles anders als erwartet, und ich erhielt einen Dämpfer nach dem anderen. Da waren zum einen die realen Arbeitszeiten, die sich von denen im Arbeitsvertrag unterschieden. Es war schlichtweg nicht möglich, das Büro täglich um 14 Uhr zu verlassen, weil ich mindestens dreimal in der Woche länger am Telefon hing oder in einer Besprechung saß oder weil etwas fertig werden musste, da die Option am nächsten Tag verfallen wäre. Wenn ich dann nach einem Blick auf die Uhr aufsprang und »Ich muss los!« keuchte, plagte mich ein schlechtes Gewissen meinen Kollegen gegenüber, selbst wenn ich schon fünfundvierzig Minuten länger geblieben war als vertraglich vereinbart. Der Einzige, der mich in dieser Hinsicht fair behandelte, war der Chef.

»Frau Fischer?«, fragte er oft erstaunt. »Sie sind noch hier?«

Ich war die einzige Halbtagskraft in dieser Abteilung, das heißt, ich war faul, und so behandelte mich vor allem ein Kollege. Dass er mich mobbte, kapierte ich erst nach Wochen.

Holger war eifersüchtig auf mich, vermutlich weil der Chef mein Buch toll fand, weil ich über so gute Kontakte verfügte und mongolisch sprach. Er ließ Unterlagen verschwinden, unterschlug Informationen und machte all die fiesen Sachen, die man in Mobbingbüchern lesen kann. Ich wurde immer nervöser, weil ich unbedingt sehr gute Arbeit leisten wollte. Das war mit fünf Stunden pro Tag allerdings nicht zu machen, auch ohne die Störungen von Holger. Letztlich war ich als Halbtagskraft für eine Vollzeitstelle engagiert worden, wie es vielen Teilzeitkräften ergeht. Und ich Idiotin versuchte das zu kompensieren, anstatt ein Gespräch mit dem Chef zu führen. Ich war doch so dankbar, dass ich den Job gekriegt hatte. Und vielleicht waren das ja auch alles nur Anfangsprobleme, das würde sich schon noch einspielen.

Von dem Moment an, in dem ich die Firma betrat, war ich sinnbildlich gesprochen am Rennen. Manchmal ging ich sechs Stunden lang nicht zur Toilette, um keine Zeit zu verlieren, denn die Uhr tickte unbarmherzig – um drei musste ich Emma abholen und stürzte bei Margarete erst mal zum Klo. Wenn es gut lief, verließ ich die Firma um acht vor drei. Das war lebensgefährlich knapp, und ich erlebte auch zwei Situationen, in denen ich einem Zusammenstoß mit einem Auto nur um Zentimeter entging. Durchgeschwitzt radelte ich dann mit Emma zum Spielplatz. Holger simste und terrorisierte mich mit Fragen, die mich verrückt machten. Wieso fand er die Buchung nicht, ich hatte sie doch ordnungsgemäß abgelegt. Wieso behauptete der Kunde, ich hätte vergessen, die kandierten Früchte für seine Ehefrauen zu bestellen und so weiter, und so weiter. Meistens stellten sich diese Beschwerden am nächsten Tag als Missverständnisse heraus, und wenn ich Holger darauf ansprach, warf er mir Überempfindlichkeit vor. »Mach doch kein Drama draus. So was kommt eben mal vor. Oder bist du überfordert von der Arbeit hier?« Nein, ich war nicht von dem Job überfordert, sondern von Holger. Er verdarb mir manchen freien Nachmittag und Abend und nicht selten die Nacht. Ich konnte nicht mehr abschalten und schlief immer schlechter. Alexander war genervt, wenn ich mich abends noch an den Rechner setzte. Er verstand nicht, dass ich den Kontakt zu meiner Freiberuflichkeit nicht kappen wollte und nach wie vor kleinere Aufträge annahm. Aber das musste ich doch, um wenigstens ein bisschen im Geschäft zu bleiben. Wäre der Stress mit Holger nicht gewesen, hätten diese Minijobs mich nicht angestrengt, sondern motiviert. Jetzt war mir alles zu viel. Und dann hatte ich ja noch die Suche nach einem Kindergarten für Emma an der Backe, was sich auch als extrem schwierig herausstellte.

Mein Hauptproblem war jedoch der Wechsel von der Freiberuflichkeit in die Festanstellung, auch wenn er freiwillig geschah. Aber was heißt schon freiwillig. Was tut man mit Kind freiwillig, und was muss man tun, weil es nicht anders geht?

Im Büro sollte ich alles so machen wie meine Kollegen, auch wenn es umständlich war. Die Begründung lautete: »So haben wir es schon immer gemacht.« Der Chef hätte manche meiner Anregungen wahrscheinlich begrüßt, schließlich hatte er mich auch angestellt, um frischen Wind in die Abteilung zu bringen. Doch manche meiner Kollegen boykottierten sie, wenngleich mich nur einer mobbte. Ich hätte meine Kollegen beim Chef anschwärzen müssen. Das tat ich nicht und litt unter der Zeitverschwendung ihrer umständlichen Methoden. Ich spürte einen inneren Widerwillen in mir, der mir die Arbeit immer schwerer machte. Ich fühlte mich schlecht. Ich nannte mich undankbar. Ich verstand die Welt nicht mehr. Mit der Festanstellung, noch dazu in einer so großen Firma, die knapp zweihundert Leute zählte, hatte ich erreicht, was ich wollte, doch es ging mir überhaupt nicht besser, im Gegenteil. Der Käfig, in dem ich saß, war noch enger geworden. Aber war das erwähnenswert? So wie mir ging es doch vielen Müttern. Meistens hielt ich durch bis Mittwoch. Am Donnerstag war mein Nervenkostüm schon ziemlich durchlöchert, und einige Male stand ich verspätet und heulend vor Margaretes Tür, deren Miene immer säuerlicher wurde, und versuchte, mich irgendwie zu beruhigen, um Emma nicht zu beunruhigen. Ich rechnete täglich damit, dass Margarete mir mitteilen würde, dass sie Emma nicht behalten könnte, wenn ich fortgesetzt zu spät käme. Emmas Tagesmutter durfte nicht wegbrechen! Wenn sie ausstieg ... was dann? Ich bekam kaum mehr Luft allein bei der Vorstellung. Auch für Emma wäre das entsetzlich, wo sie doch so an Margarete hing und sich mit ihren Spielkameraden ausgesprochen wohlfühlte.

Alexander hatte kein Verständnis für meine Situation. Mit einem lapidaren »Du wolltest doch unbedingt einen Job«, beendete er das Thema.

Am schlimmsten war es für mich, dass es mir immer schwerer fiel, mich vor Emma zusammenzureißen. Natürlich ging ich mit ihr zu unseren zwei Spielplätzen, natürlich kuschelte ich mit ihr, doch oft ertappte ich mich dabei, dass ich ins Leere starrte. Und in meinen Ohren rauschte es. Nachts konnte ich nicht mehr schlafen. Morgens quälte ich mich aus dem Bett und hetzte durch den Arbeitstag, hetzte zu Emma, hetzte zum Spielplatz, Einkaufen, abends noch etwas »für mich« arbeiten ... Und am Freitag, dem Tag, an dem ich hätte ausruhen können, fand ich keine Ruhe, weil ich all das erledigte, was in meiner Freiberuflichkeit liegen geblieben war. Ich biss die Zähne zusammen und machte weiter, jeder Tag ein Kampf. Ich wollte es schaffen. Verdammt noch mal, ich war doch kein Weichei, ich hatte schon ganz andere Sachen geschafft. Aber eben nicht mit Kind.

Eines Vormittags im Büro spürte ich plötzlich meinen linken Arm nicht mehr. Gleichzeitig raste mein Herz, und ich bekam keine Luft mehr. Verdacht auf Herzinfarkt. Ich war zweiundvierzig Jahre alt.

Es war dann kein Herzinfarkt, aber der Druck in meinem Leben rauschte auch durch mein Blut mit 240 zu 180.

»Wenn Sie so weitermachen«, sagte meine Hausärztin am nächsten Tag zu mir, »werden Sie die Einschulung Ihrer Tochter womöglich nicht erleben.« So drastisch hatte sie noch nie mit mir gesprochen. Ihr Blick war ernst.

»Und was soll ich jetzt machen?«, fragte ich.

»Nichts«, sagte sie.

»Nichts?«, fragte ich.

»Sie müssen Ihren Blutdruck runterkriegen. Sie müssen sich erholen. Sie haben einen Burn-out.«

»Aber ich muss spätestens morgen wieder zur Arbeit. Und heute um drei muss ich meine Tochter von der Tagesmutter abholen.«

Schweigend schaute sie mich an.

»Nicht?«, fragte ich.

»Ich werde sie jetzt erst mal krankschreiben. Wir fangen mit zwei Wochen an.«

»Was heißt hier anfangen?«, fragte ich verstört.

»Dass ich mit einer Rekonvaleszenz von mehreren Wochen rechne. Wenn das überhaupt reicht.«

Ich ging nach Hause und legte mich ins Bett. Alexander

reagierte genervt auf meine Bitte, Emma von der Tagesmutter abzuholen. Dann schlug er vor, dass ich die sechs Wochen krank »ausschöpfte«, die mir bei vollem Lohnausgleich als Angestellte zustanden. Ich lehnte ab. Es widerstrebte mir zutiefst, Geld zu nehmen, für das ich keine Leistung bringen würde. Wir stritten, Emma weinte. Dann übergab sie sich, und als ich es aufwischte, kotzte ich auch.

Mutterseelenallein

Mein Chef war sehr verständnisvoll. Da musste ich schon wieder heulen. Er hatte also gesehen, wie ich mich reingehängt hatte. Wenigstens einer. Ich musste jetzt ständig heulen und kannte mich selbst nicht mehr. Wer war dieser Jammerlappen, der dauernd die Nerven verlor? Ich versuchte, mich wenigstens vor Emma zusammenzureißen. Für Emma, sagte ich mir morgens beim Aufstehen, wenn ich am liebsten liegen geblieben wäre. Für Emma, sagte ich mir bei fast allem, was ich tat, denn wenn es nach mir gegangen wäre, hätte ich überhaupt nichts mehr zu tun brauchen. Manchmal legten wir uns auf den Teppich, und ich erzählte Emma von der Jurte über unseren Köpfen, die uns beschützte.

»Siehst du sie, Emma?«

»Ja, Mama.«

»Und hörst du draußen die Ziegen?«

»Wie machen Ziegen, Mama?«

»Mäh machen die Ziegen, Emma. Und die Pferde wiehern. Und kannst du den Geruch des Feuers riechen? Es ist schön warm in unserer Jurte, nicht wahr?«

Und dann erzählte ich ihr von der Steppe und den Bergen

und den Adlern, die hoch oben in der Luft kreisten, und sie hörte mir zu mit großen Augen, und später schichteten wir Bauklötze auf, damit die Adler darauf landen konnten, wenn sie müde wurden. Einmal in der Stunde maß ich meinen Blutdruck. Ungefähr so verbrachte ich drei Monate. Ich fühlte wenig. Die Tage vergingen. Nachts schlief ich immer besser. Ich vermisste keine Arbeit, ich hätte nicht arbeiten können. Ich war einfach nur mit Emma zusammen, so war es eben. Wahrscheinlich hatte ich eine Depression, gehörte das nicht zum Burn-out? Ich googelte es nicht. Es hätte ja nichts geändert. Ich blieb zu Hause, machte nichts und war trotzdem völlig erschöpft. Das ausschließliche Muttersein führte nicht zu einem eruptiven Ausbruch von Glückseligkeit, in dieser Gnade stand ich nicht. Es wäre schön gewesen, wenn es geschehen wäre, wenn ich mich an der Seite meines Kindes rund um die Uhr am richtigen Platz gefühlt hätte, wenn allein Emmas Gegenwart genügt hätte, um mich fröhlich zu stimmen. Aber ein Kind bedeutete keine Erfüllung meines Lebens. Und es quälte mich, dass ich finanziell von Alexander abhängig war, der nun merkte, dass ihm das nicht gefiel. Wie oft hatte er großspurig erklärt, dass ich nicht arbeiten müsste. Jetzt jammerte er, weil er sein ganzes Geld in die Familie stecken sollte. Er sagte es so, dass es wie »zum Fenster hinausgeworfen« klang. Ich fühlte mich elend, zumal Alexander mir die Schuld an allem gab. Ich hätte mir das alles selbst zuzuschreiben. Ich hätte mich überfordert. Da merkte ich, dass er nicht an meiner Seite stand, höchstens an Emmas Seite. An der stand ich auch, aber eben an ihrer anderen Seite, das Kind zwischen uns. Richtig bitter wurde es für mich, als ich Alexanders Meinung auch von Bekannten hörte, die mir ankreideten, wie schlecht ich meinen Mann behandelte, der doch so gut zu mir und Emma war. Warum hatte ich es aber auch so übertreiben müssen. Womöglich war ich auch noch für meinen hohen Blutdruck verantwortlich, weil ich nämlich so spät ein Kind gekriegt hätte.

»Auch junge Mütter können in der Schwangerschaft Probleme mit dem Blutdruck bekommen, an denen sie lebenslänglich leiden«, erklärte ich.

»Aber nur selten«, erwiderte Agnes, als verfüge sie als Nagelstudioinhaberin über herausragendes medizinisches Wissen. »Normalerweise kriegt man bloß einen Hängebusen.«

»Dann weiß ich jetzt ja Bescheid«, sagte ich und meinte damit etwas anderes, als Agnes vermutete. Ich strich sie von der Liste der Menschen, mit denen ich zu tun haben wollte. Ich hatte keine Kraft mehr für solche Angriffe. Ich musste haushalten. Für Emma.

Aber dann unterstellte Alexander mir, ich würde ihm unterschwellig Vorwürfe machen, weil er zu wenig Geld verdiente. Er bot mir an, wobei das wie eine Drohung klang, die Beförderung anzunehmen, die er abgelehnt hatte. Dann wäre er in Zukunft von Montag bis Freitag so gut wie nie vor Mitternacht zu Hause, weil er erst mit der letzten Maschine aus Frankfurt oder Hamburg oder Berlin käme.

»Und Emma?«, fragte ich.

»Wenn ich genug Geld verdiene, kannst du zu Hause bleiben«, sagte er.

Entgeistert starrte ich ihn an. Nun, man konnte seinen eigenen Mann nicht von der Liste streichen, aber hatte er in den letzten beiden Jahren nicht begriffen, worum es mir ging? Dass ich eben nicht zu Hause bleiben wollte? Dass ich wenigstens einen kleinen Teil meines früheren Lebens in die Mutterschaft hineinretten wollte? Dass ich das nicht machte, um ihn zu ärgern, sondern weil ich es musste, weil ich so war, weil ich ohne Arbeit todunglücklich wäre, weil ich nicht dafür geschaffen war, eine Rundummami zu sein? So hatte er mich doch kennengelernt, das hatte ihm gefallen, du bist so selbstständig, so taff, hatte er gesagt. Und nun bezahlte er nur vorübergehend, darauf legte ich Wert, zwei Drittel der Miete, ich hätte ihm am liebsten angeboten, das Geld zurückzuzahlen, und er hatte sich schon so extrem verändert. Ich musste dringend arbeiten, um das Gleichgewicht in meiner Beziehung wiederherzustellen. Für Emma.

Einmal in der Woche ging ich zu meiner Hausärztin, die mich lobte, weil ich eine so brave Patientin war.

»Für Emma«, sagte ich. Ich selbst sah im Augenblick keine Perspektive für mich, und das lag auch daran, dass ich so allein mit meinen Nöten war. Ich konnte nicht erklären, dass ich eben nicht erschöpft war, weil ich zu viel gearbeitet hatte. Ohne meine Arbeit hätte ich diesen Wahnsinn gar nicht so lange ausgehalten. Ich war krank geworden, weil Kind und Beruf nicht vereinbar sind. Der Burn-out hätte mich wahrscheinlich noch früher erwischt, wenn ich die letzten beiden Jahre ausschließlich mit Emma verbracht hätte. Aber das war jetzt auch egal. Hätte, hätte, Fahrradkette.

Es dauerte sechs Wochen, bis ich spürte, dass meine Lebenskräfte zurückkehrten. Und auch mein Blutdruck, seit der Schwangerschaft meine Schwachstelle, normalisierte sich. »Sie haben Glück«, sagte meine Ärztin. »Bei manchen Leuten dauert so was Monate.«

Mütter gehören ins Bett

Es war ein Freitag Ende September; Alexander wollte mit Emma übers Wochenende mit seinem Bruder und dessen Familie in die Berge fahren. »Bleib du nur zu Hause und erhol dich«, riet er mir, und ich hatte den Eindruck, das wäre ihm am liebsten. Mir auch. Ich konnte es kaum erwarten, bis die beiden die Wohnung verlassen hatten. Zum ersten Mal seit Monaten hatte ich mich privat verabredet. Meine alte Clique traf sich in einem Biergarten. Das Hallo war groß, lange nicht mehr gesehen. Viele wussten gar nicht, dass ich mittlerweile Mutter war. Ich bestellte mir ein Bier. Und dann ließ ich es krachen und rauchte auch noch eine Zigarette, die erste seit Jahren. Sie schmeckte scheußlich, und ich genoss sie in allen Zügen. Der Abend war lau, viel zu warm für September. Ich redete wenig, das fiel nicht auf, da die anderen sich so viel zu erzählen hatten. Hin und wieder schweifte mein Blick zu einem Paar mit Kind in Emmas Alter. Die beiden saßen an einem Tisch, doch sie hatten nur Augen für das Kind. Sie mussten ja aufpassen, weil es mit den Kieseln spielte, damit niemand auf die Hände des Kindes trat, damit es sich nicht den Kopf an Stühlen stieß, damit es sich nicht zu weit entfernte. Und sie mussten sich gegenseitig versichern, wie süß das Kind war, wie schön, wie intelligent, ihr Kind. Wie schön, dachte ich, dass ich heute nicht aufpassen muss, und passte doch ein bisschen auf – auf ein fremdes Kind. Und als eine junge Frau dem Paar erklärte, dass ihr Kind krank werden könne, wenn es solche versifften Kieselsteine in den Mund stecke, war es wunderbar, dass ich mich nicht rechtfertigen musste. Das Kind könnte auf den Kiesweg kacken, und ich wäre unschuldig. Es hatte nichts mit mir zu tun. Ich war nicht im Geschirr, ich war ausgespannt, ich hatte frei, ich wurde nur wegen meines eigenen Verhaltens beurteilt, nicht für das Benehmen eines Kindes verantwortlich gemacht oder daran gemessen. So easy konnte das Leben sein. Das hatte ich ganz vergessen. Ich bestellte mir noch ein Bier und dachte, dass ich morgen nach Hamburg fliegen könnte oder downhill einen Hang hinunterbrettern, und das alles ohne Ersatzwindel im Gepäck. Ich könnte tun, was ich wollte, heute, morgen und übermorgen bis zirka 18 Uhr, wenn Alexander und Emma zurückkämen. Ich könnte um drei oder vier in der Früh ins Bett gehen, ich müsste nicht fit sein für Emma. Und da durchfuhr mich die Erkenntnis, dass ich jetzt zum ersten Mal seit Wochen, Monaten, Jahren ... frei war. Richtig frei.

»Hey, Sarah, was ist denn? Weinst du? Was ist los?« Nelly setzte sich neben mich und legte den Arm um meine Schultern. Ich vertrug wohl keinen Alkohol mehr. Ich wurde sentimental. »Weil es so ein schöner Abend ist«, stammelte ich.

»Stimmt«, lachte Nelly. »Wir sollten uns öfter treffen, was meinst du?« Sie rief in die Gruppe: »Können wir uns nicht öfter treffen?« Gläser wurden erhoben, man stieß an. »Ich bin dabei«, rief ich über den Tisch. Und eine halbe oder ganze Stunde später, als Nelly auch sentimental geworden war und mich fragte, wie das Leben so sei als Mutter, sagte ich: »Du gibst dein Leben auf. Das ahnst du vorher nicht. Du glaubst, du kriegst das schon hin. Du glaubst, du bist anders. Meine Oma hat mal zu mir gesagt, dass sie als junge Frau immer überzeugt davon war, sie würde nie altersweitsichtig. Allein vom Willen her, verstehst du?«

»Verstehe«, nickte Nelly.

»Und dann hat sie den Arm doch immer weiter rausgestreckt und konnte trotzdem nichts mehr lesen. Und wenn du ein Kind hast, dann kannst du wollen, wie du willst und dich anstrengen bis zur Erschöpfung. Es nützt bloß nichts. Weil du immer gegen Wände anrennst. Und du brauchst nicht zu glauben, dass irgendjemand das mal anerkennt oder dir gar dankbar ist. Nein. Alles, was du tust, ist selbstverständlich und immer zu wenig.«

»Das klingt nicht gerade verlockend.«

»Genau«, stimmte ich zu. »Es ist so ungefähr der größte Fehler, den du machen kannst.« In diesem Moment fiel mir ein, wann ich Nelly zum letzten Mal gesehen hatte. Es war am Marienplatz in München gewesen, ein, zwei Jahre vor Emmas Geburt. Ich hatte seinerzeit gelegentlich als Stadtführerin gejobbt. Der Verdienst war nicht der Rede wert, doch manchmal gab es gutes Trinkgeld. Ich hatte tolle Leute kennengelernt und sogar Jobs akquiriert, denn häufig buchten Firmen Stadtführungen, auch Filmproduktionen, wo ich den Oberboss kennengelernt hatte, der mir dann den Auftrag ...

»Trinken wir noch eins?«, fragte Nelly.

Ich starrte sie an, als wüchse ihr ein Knödel auf der Nase. Dann sprang ich auf. »Ich muss heim.«

»Jetzt schon?«

»Ja. Jetzt gleich.«

»Aber ich dachte, du bist ... Strohwitwe heute? So sagt man doch?«

Ich drückte Nelly einen Schmatz auf die Backe »Servus, bis bald! Und danke.«

»Wofür denn?«

Die Antwort blieb ich ihr schuldig.

Es war kurz nach Mitternacht, als ich an einem der beliebtesten Falafelstände Münchens vorbeiradelte. Es duftete verlockend. Ich stieg vom Rad und stellte mich in die lange

Schlange. So kam ich mit den zwei jungen Männern vor mir ins Gespräch, und als wir endlich unsere Falafeln in der Hand hielten, aßen wir sie an einem der Stehtische und quatschen über dies und das. Ein gewaltiger Rededrang hatte sich meiner bemächtigt, gerade so, als wären die Wörter in mir lange eingesperrt gewesen. Wir redeten über Gott und die Welt und die Müllhalden am Flaucher und den FC Bayern im Allgemeinen und Besonderen, und auf einmal war es ein Uhr und der Laden schloss. Vor der Tür verabschiedete ich mich von den Jungs und ging zu meinem Rad. Da rief einer: »Hey, wieso hast du einen Kindersitz hinten drauf?«

»Weil ich eine Tochter habe.«

»Was?«

»Echt jetzt?«, fragte der andere.

»Ja«, bestätigte ich.

»Und was machst du dann um ein Uhr nachts auf der Straße, wenn du ein Kind hast?«, fragte der, den ich für den netteren gehalten hatte, sich ins Abseits. Ich starrte ihn an, dann lachte ich los und radelte lachend nach Hause.

Im Grunde genommen war alles ganz einfach. Ich würde dorthin zurückkehren, wo ich schon mal gewesen war. Ich würde wieder Stadtführungen machen. Das konnte ich mit Emmas Betreuung vereinbaren, weil man sich die Zeiten selbst einteilen konnte. Es wäre eine Basis, von der aus ich aufbauen könnte. Vor lauter Aufregung über diese Erkenntnis, konnte ich lange nicht einschlafen. Mit jeder Faser meines Körpers spürte ich, dass meine Lebensfreude zurückkehrte. Dass ich nicht aufgegeben hatte. Ich war nur ein bisschen müde gewesen. Ich würde niemals aufgeben! Und auch, wenn ich wenig verdienen würde ... es war ein Anfang. In diesem Moment vermisste ich Emma so sehr, dass es schmerzte. Ich spürte, dass ich ihr nur eine gute Mutter sein konnte, wenn es mir selbst gut ging, und es ging mir nur gut, wenn ich mein Leben finanzieren konnte, am besten mit einem Job, den ich mochte.

Beim Frühstück am nächsten Mittag schrieb ich mir eine Liste. Ganz oben stand Emmas Kindergartenplatz, und zwar idealerweise an fünf Tagen in der Woche von 8 bis 16 Uhr mit der Option 17 Uhr. Am Nachmittag, als ich meine Mails checkte und die Anfrage einer jungen Vortragsreferentin las, die mich um Tipps bat, wie sie in diesem Business weiterkommen könnte – solche Mails erreichten mich öfter –, hatte ich die nächste Idee. Ich war wieder da!

On tour again

»Dass du dich meldest«, staunte mein ehemaliger Chef von den Stadtführungen. »Ich habe gedacht, du bist jetzt reich und berühmt. Hast du nicht ein Buch geschrieben?«

»Ich hab ein Kind gekriegt«, sagte ich.

Er lachte mich an. »Ich auch. Beziehungsweise zwei. Wir haben Zwillinge. Und wie läuft's so bei dir?«

Wir saßen in seinem kleinen Büro, in dem es noch immer nach Pfefferminztee roch, als lägen keine Jahre zwischen unserem letzten Treffen. Max freute sich über meine Anfrage. »Klar kannst du wieder einsteigen. Wir haben einige neue Touren im Programm, die musst du dir halt draufschaffen. Aber du kannst ja mit den alten einsteigen, vielleicht gehst du mal mit einem Kollegen mit und schaust, wie viel du noch auf der Platte hast?«

»Gern.«

Beim Abschied sagte er: »Schön, dass du wieder dabei bist. Wir haben dich vermisst.«

Vor der Tür heulte ich ein bisschen. Ich war emotional noch immer wackelig, aber es ging bergauf. Ich heulte auch am Telefon beziehungsweise danach. Denn meine zweite Idee sah so aus, dass ich als Agentin für Kollegen tätig werden würde. Ich würde Termine bei Veranstaltern akquirieren und dafür eine Provision erhalten. Doch wenn ich mich am Telefon mit meinem Namen meldete, dann riefen viele: »Ach, Frau Fischer! Toll, dass Sie anrufen. Haben Sie einen neuen Vortrag?« Das haute mich regelrecht um. Sie hatten mich nicht vergessen! Mein Name zählte noch etwas.

»Nein, ich rufe für eine Kollegin an …«

Mit der Vermittlung von Kollegen war ich weniger erfolgreich. Vielleicht sollte ich wirklich mal an einen neuen Vortrag denken … Wenn ich doch noch im Rennen war … Aber … wollte ich wirklich wieder mitrennen?

»Denken Sie an Ihren Blutdruck«, mahnte die Hausärztin.

»Ich messe jeden Tag mehrmals«, erwiderte ich und konnte mitteilen, dass er nicht in die Höhe schnellte, weil ich nämlich wieder unterwegs war in meinem eigenen Leben. Ich hatte keine Ahnung, wohin die Reise führen würde. Aber es fühlte sich gut an.

»Fängst du jetzt wieder mit dem ganzen Scheiß an?«, fragte Alexander. »Ich habe keine Lust, ständig Emma zu betüddeln, weil du dein Zeug nicht auf die Reihe kriegst. Ich kann nicht dreimal in der Woche um halb drei heimgehen, um Emma abzuholen.«

»In keiner einzigen Woche ihres Lebens hast du sie dreimal in der Woche hintereinander abgeholt.«

»Doch.«

Ich wollte nicht streiten und lenkte ein. »Das war dann aber im Urlaub.«

»Na und? Zählt das nicht?«

»Jetzt lass uns bitte einen Kindergartenplatz suchen, dann regelt sich vielleicht alles andere von selbst.«

»Meine Rede. Dann kümmere dich mal drum. Du hast ja Zeit.«

Kita-Casting

Das Spiel kannte ich ja schon. Doch diesmal suchte ich keinen Krippen-, sondern einen Kindergartenplatz, denn von den fünfundzwanzig Institutionen – städtische Kitas und Elterninitiativen –, wo ich Emma angemeldet hatte, waren fünfundzwanzig Absagen ins Haus geflattert. Emma und ich nahmen also nun an Kita-Castings teil, ich sprach mit Erziehern, Emma spielte Probe. Eine Nachbarin riet mir, die Entscheider mit einer Bastelarbeit zu beeindrucken. So bastelte ich zwanzig Bewerbungskärtchen, Emma malte unter meinen Text »Lieber Kindergarten, mein Name ist Emma Fischer, ich bin vorgemerkt und würde sehr gern bei euch mitspielen.« Ich klebte ein Foto von Emma auf die Karte, kaufte ein Blümchenkuvert und hatte letztlich 50 Euro und drei Stunden fehlinvestiert. Nichts gewesen außer Spesen. Und nun? Meine Zuversicht drohte zu implodieren. Ich war regelrecht gelähmt bei der Vorstellung, dass wir keinen Kindergartenplatz bekommen könnten. Da tauchte ein rettender Engel in Gestalt von Margarete auf. Emmas Tagesmutter bot mir an, Emma ein weiteres Jahr zu betreuen, wenn wir keinen Platz in einem Kindergarten finden würden. »Emma ist ja total unkompliziert. Sie fügt sich problemlos überall ein und ist vom Wesen her sehr freundlich, hilfsbereit, zugewandt. Ich kann mir nicht vorstellen, dass die Kollegen im Kindergarten das anders beurteilen.« Margaretes Einschätzung freute mich, aber sie konnte auch keinen Platz aus dem Hut zaubern, Korrektur: Das konnte sie doch. Jedenfalls nahm ihr Angebot mir ein wenig Druck, wenngleich ich Emma gern an fünf, nicht an vier Tagen »aufgeräumt« gewusst hätte.

Alexander war mit dieser Notlösung nicht zufrieden. »Das bringt uns nur einen Zeitaufschub. Dann müssen wir im nächsten Jahr wieder von vorne anfangen.«

Ich dachte, *ich* muss anfangen, nicht *wir*. Aber ich schluckte es hinunter, wie so vieles in letzter Zeit. Dennoch war der Hinweis berechtigt. Kita-Casting verschlang viel Zeit und Energie. Persönliches Erscheinen bei allen Tagen der offenen Tür, guten Eindruck machen, entspannt sein, obwohl man vor Nervosität auf und ab springen könnte, nett mit anderen Eltern plaudern, die genau genommen Konkurrenten waren, die es auszustechen galt. Emma nicht merken lassen, dass viel auf dem Spiel stand, damit sie sich von ihrer Zuckerseite zeigte, zu allem nicken, was in dem jeweiligen Etablissement gern gehört wurde, gern kochen wir einmal in der Woche für dreißig Kinder, selbstverständlich bio, natürlich feudeln wir den Aufenthaltsraum, wenn Not am Mann ist, klar helfen wir am Wochenende bei der Gartenarbeit und so weiter. Gerade Elterninitiativen, die ja meistens aus der Not heraus gegründet wurden, forderten hohen persönlichen Einsatz. Also ließ man am besten die Schlüsselwörter ins Gespräch einfließen, die man vorher aus dem Internet herausgepickt hatte, um einen guten Eindruck zu hinterlassen, und festigte den mit einer selbst gebastelten Karte oder Dienstleistungen, die man liebend gern am Wochenende absolvierte: Mein Mann ist Handwerker, es ist kein Problem für ihn, einen Sandkasten zu bauen.

Dann geschah ein kleines Wunder: Last minute rutschte Emma doch noch in eine Elterninitiative hinein. Wir kamen relativ günstig weg, mussten nur einmal im Monat für fünfundzwanzig Kinder kochen und uns verpflichten, Kleinigkeiten wie Handtücher waschen und Internetseite pflegen zu erledigen. Darüber hinaus würden wir 200 Euro Aufnahmegebühr bezahlen, und 225 Euro pro Monat, wovon 185 durch das Kindergeld abgedeckt waren. Hinzu kamen 400 Euro Kaution. Also quasi geschenkt für die Aussicht, Emma von Montag bis Freitag in guten Händen zu wissen.

»Woher weißt du, dass sie da wirklich gut aufgehoben ist?«, erkundigte sich Barbara.

»Es ist eine Elterninitiative«, erklärte ich. »Die Leute haben einen kompetenten und engagierten Eindruck gemacht.«

»Letztlich arbeiten dort Lohnkräfte, das heißt Erzieher, für die Kinderbetreuung ein Job ist. Da darf man nicht allzu viel erwarten.«

Ich ärgerte mich über ihren Kommentar. »Wieso sagst du mir das? Ich bin heilfroh, dass Emma einen Platz ergattert hat!«

»Nimm es nicht persönlich. Ich finde es einfach nur verlogen, wenn Müttern einerseits angekreidet wird, dass sie arbeiten gehen wollen, wobei sie ihre Kinder im Stich lassen, andererseits verlangt man von ihnen, ihre Kinder wildfremden Leuten zu überlassen, deren Status ziemlich tief angesiedelt ist. Wieso soll sich eine Erzieherin besonders engagieren bei dem Hungerlohn, mit dem man sie abspeist? Nach welchen Maximen werden die Kinder in dieser Elterninitiative erzogen? Geht es darum, das Humanmaterial Kind zu perfekt funktionierenden Leistungsträgern zu formen? Brauchen wir nicht gerade Kinder, die eben nicht stromlinienförmig angepasst sind, um unserer Leistungsgesellschaft, die in immer höherem Tempo in die Sackgasse rast, neue Perspektiven aufzuzeigen?«

Seitdem Barbara mit einem Greenpeace-Aktivisten zusammen war, hatte sie sich sehr verändert.

»Soll ich dir mal was sagen?«, entgegnete ich und verzichtete darauf, die Pluspunkte der Elterninitiative aufzuzählen: Theaterspielen, Zoobesuche, Naturerlebnisse. »Ich wollte einfach nur einen Kindergartenplatz, der Emma gefällt. Sie soll gern hingehen, niemand soll ihr etwas Böses tun, sie soll dort fröhlich sein und von mir aus auch gefördert werden, Hauptsache, sie erlebt einen schönen Tag und ich habe bei der Arbeit das beruhigende Gefühl, dass mein Kind gut versorgt ist. Ich bin heilfroh, dass Emma einen Platz bekommen hat, obwohl sie sich bei ihrem Probetag weigerte, am Morgenkreis mit Musik teilzunehmen. Sie haben sie trotzdem genommen. Das ist für mich ein gutes Zeichen.«

Barbara grinste »Sie scheint nach dir zu kommen«, meinte sie versöhnlich. »So wie ich dich kenne, hättest du den Morgenkreis auch boykottiert.«

Männer-TÜV

Alexander war schlecht gelaunt, wenn ich am Wochenende als Stadtführerin arbeitete. Ihm wäre es lieber gewesen, ich hätte das während seiner Arbeitszeit erledigt und mich in seiner Freizeit mehr um Emma gekümmert, doch die meisten Anfragen gab es nun mal am Wochenende, und das bedeutete, dass er Emma vier, fünf Stunden lang allein betreuen musste. Manchmal machten wir auch einen Ausflug zu dritt, aber ich merkte, dass ich darauf hätte verzichten können. Ich tat es für Emma, die ein Familiengefühl entwickeln sollte. Das war für mich im Moment schwierig zu empfinden, da ich mich von Alexander in vielen Dingen nicht unterstützt, sondern ausgebremst fühlte. Er war nach wie vor großartig, wenn es um Emma oder den Haushalt ging. Aber ich hätte mir mehr Verständnis für meine Situation gewünscht. Ich wollte nicht immer wieder erklären müssen, warum ich gern arbeitete. Ich war es müde, mit meinem Ehemann um mein persönliches Glück zu ringen, zu dem nun mal meine Arbeit gehörte. Ja, viele Mütter betrachteten ihre Kinder als Krone des Lebens. Es gibt aber eben auch andere. Solche wie mich. Und ich wollte ebenso respektiert und nicht an Maßstäben gemessen werden, die nichts mit meiner Realität zu tun hatten. Ich ärgerte mich, wenn er mein Streben nach einem guten Leben als Angriff auf seine Komfortzone auffasste. Was ich tat, richtete sich doch nicht gegen ihn, sondern war etwas für mich und deshalb auch für die Familie, für Emma und für ihn. Wie soll es einer Familie gut gehen, wenn ein Mitglied frustriert ist?

»Andere Mütter tun sich keinen solchen Stress an wie du«, entgegnete Alexander stur, dem es aber eigentlich nur um den Stress ging, den er damit hatte, dass ich arbeiten wollte.

»Andere Mütter erwarten dafür aber im Gegenzug vielleicht, dass ihr Kind sie emotional versorgt und ihnen all das gibt, was sie vermissen, was sie im Leben nicht erreicht haben. Im schlimmsten Fall führt das dazu, dass die Rollen getauscht werden und die Eltern, sprich Mütter, die Bedürftigen sind, die von ihren Kindern emotional genährt werden.«

»Psychokacke«, urteilte Alexander und kreuzte die Arme vor der Brust, sodass sein kleiner Bauchansatz hervortrat. Den hatte er seit einigen Monaten. Als ich ihn einmal im Spaß darauf angesprochen hatte, erwiderte er, dass er sich das jetzt erlauben könne, er sei schließlich Papa. Ja, Alexander war mit Leib und Seele Papa, und als solcher hatte er sich verändert. Ich hatte mich in einen sportlichen und unkonventionellen Mann verliebt, dem mein Wohlbefinden am Herzen lag, der mir Blumen brachte, mich in meinem Job unterstützte, mit mir zu Vorträgen fuhr und mich mit Heiratsanträgen überhäufte, der mit mir downhill fuhr, bis die Rahmen knackten, der mir die Füße massierte, für mich kochte und mein Fahrrad reparierte. Einen ziemlich sexy, coolen Typ.

Jetzt kochte er noch immer. Aber vielleicht manchmal eher wegen Emma. Er legte ihre Wäsche zusammen, saugte Staub, achtete darauf, dass Feuchttücher und Windeln nie ausgingen, und hatte es gern gemütlich. Das Sofa war sein Lieblingsplatz, er schaute auch viel fern, und Konventionen waren nicht mehr da, um dagegen zu rebellieren, sondern um sie zu erfüllen. Hatten wir uns früher nicht manchmal nächtelang unterhalten? Worüber bloß? Jetzt redeten wir nur noch über Emma. Wenn wir mit ihr am Tisch saßen, schauten wir sie beide an. Wir erzählten uns, was sie gemacht hatte, wir redeten mit ihr. Aber wir zwei, miteinander? Bedeutete das, dass Emma unsere Beziehung störte? Nein, sie bereicherte sie. Aber ... was würden wir eigentlich zusammen unternehmen, ohne Emma? Konnte es sein, dass Alexander mit Emma glücklicher war als mit mir, dass ich mit Emma glücklicher war als mit Alexander, jeder von uns glücklich mit Kind, aber eben nicht mehr in unserer Beziehung? Wenn ich die beiden beobachtete, ging mir oft das Herz auf. Was für ein schönes Bild, Alexander und Emma, über ein Bilderbuch gebeugt. Wie lieb er mit ihr spielte. Wie zärtlich er zu ihr war. Wie er sie in die Luft warf und auffing. Aber das war ein anderes Gefühl als jenes, das ich vor Emma für Alexander empfunden hatte. Weicher, zarter, pastellfarben. Würde das nun für immer so bleiben? Oder würde die andere Liebe noch einmal zurückkehren?

Meine Eltern nahmen Emma alle sechs Wochen für vier Tage zu sich, damit Alexander und ich Zeit zu zweit verbringen konnten. Wir fuhren dann meistens irgendwohin. Beim ersten Mal war es komisch gewesen, ohne Emma. Wir wussten nichts miteinander anzufangen. Man kann nicht einfach einen Schalter umlegen, und alles ist wie früher. Wir vermissten Emma. Ohne sie fehlte etwas. Für immer?

Das Wissenschaftlerduo Campell und Twenge wies nach der Auswertung von knapp hundert Studien zur Elternschaft nach, dass frische Eltern unglücklicher sind als kinderlose Paare, zumindest bis zur Grundschulzeit. Somit habe ich noch einige Jahre Tal vor mir. Dann jedoch soll es ein Hoch geben, das allerdings, wenn es Richtung Pubertät geht, wieder absinkt. Doch es gibt Hoffnung: In einer Studie mit 200 000 Erwachsenen fanden Forscher am Max-Planck-Institut heraus, dass ab dem Alter von vierzig Jahren Kinder für Eltern mehr Lebensglück bedeuten. »In der ersten Zeit der Elternschaft sind die positiven Aspekte von Kindern und Familie überdeckt von negativen Erfahrungen wie wenig Schlaf, Sorge um die Kleinen oder finanzielle Beschränkungen. Doch je älter Mütter und Väter werden, desto weniger belastet sie ihr Nachwuchs ... Wenn Kinder erwachsen werden, profitieren die Eltern, die dann zwischen 40 und 60 Jahren alt sind, von ihnen finanziell und emotional.«[29]

Blöderweise habe ich in dem Alter meine Tochter bekommen. Ich werde also länger warten müssen ...

Mutterblues

Es traf mich wie ein Blitz, als ich von der Studie erfuhr, die in den Medien für beträchtliches Aufsehen sorgte. Die Soziologin Orna Donath hatte dreiundzwanzig israelische Mütter im Alter von Mitte zwanzig bis Mitte siebzig befragt. Die meisten sagten, dass sie zwar ihre Kinder liebten, aber die Mutterschaft bereuten, und dass sie durch ihre Kinder ihr Leben, ihre Autonomie und ihre Identität verloren hätten. Sie würden sich heute gegen Kinder entscheiden.[30]

Diese Offenlegung sprengte meine Isolation. Ich hatte immer geahnt, dass es da noch andere geben musste, die sich aber vermutlich nicht trauten, so etwas Ungeheuerliches einzugestehen. Dass es noch andere geben musste, die an diffusen Gefühlen litten, die sie nicht begründen konnten, die aber genau hier versteckt lagen: Dass das Leben ohne Kind schöner war. Die Mutterschaft wurde im Nachhinein als Fehler bewertet.

Auf einmal war alles anders. Ich war keine Angreiferin mehr, sondern eine Fragende. »Hast du auch von dieser Studie gehört, *Regretting Motherhood* oder so«, fragte ich nun überall herum. Auf dem Spielplatz, am Telefon, beim Einkaufen, egal wo. Und ich machte eine interessante Erfahrung. Denn wenn ich es erläuterte, wiesen Frauen das im ersten Moment oft erschrocken von sich. »Nie würde ich so was auch nur denken!«

Aber einige von ihnen suchten später das Gespräch mit mir und zeigten Flagge: »Du, was du da neulich gesagt hast …«

Das war die Geburtsstunde dieses Buches. Wir hätten nicht auf die Israelinnen warten müssen. Die Soziologin Elisabeth Gernsheim beschrieb das Dilemma mancher Mütter schon vor Jahrzehnten: »Ich liebe mein Kind und würde mich vor einen LKW werfen, um sein Leben zu retten. Aber ich hasse mein Kind auch, denn es hat mein Leben zerstört.«[31]

Mut, Mutter, Mut!

In dem Wort »Mutter« steckt der Mut.

Was also können wir tun? Drüber reden! Uns nicht verstecken und einschüchtern lassen von Vorurteilen und denjenigen, die mit schwarzen Pinseln durch die Gegend laufen und Mütter mobben. Jene Frauen, die noch nicht wissen, ob sie ihre Zukunft mit oder ohne Kinder planen wollen, sollen die rosarote Brille absetzen! Traut euch, vorher euer Lebensglück in die richtigen Bahnen zu lenken, anstatt ihm später nachzutrauern.

Nachfolgend ein kleiner Test, der viele Unwägbarkeiten klären kann, besonders wenn ein Mann sich unbedingt Kinder wünscht, seine Partnerin jedoch unsicher ist. Soll sie zustimmen, um den Mann zu halten? Oder aus Liebe? Weil er so süß guckt, wenn er von dem Baby spricht? Und außerdem ist es doch »normal«, Kinder zu kriegen, oder? Oft versichern die werdenden Väter ihren schwangeren Frauen vollste

Unterstützung, die im Lauf der Wochen und Monate schwindet. Ich kenne Männer, die »um jeden Preis« ein Kind wollten und darauf verzichteten, als sie den Vertrag lasen, den eine Bekannte von mir ihrem Mann vorlegte. Er kursierte dann in ihrem Freundinnenkreis. Manche waren entsetzt. Mich entsetzte das Entsetzen, denn das, was der Vater hier unterschreiben sollte, wird bei Frauen für selbstverständlich gehalten. Niemand käme auf die Idee, eine große Sache daraus zu machen, dass die Mutter ihr Leben aufgibt. Ich finde diesen Vertrag mutig. Frauen, die ihn ihren Männern vorlegen, merken schnell, ob die Absichtserklärungen ernst gemeint sind. Oder ob manche der werdenden Väter hoffen, das würde sich schon irgendwie einspielen, was meistens bedeutet: zu Lasten der Frauen.

Vertrag zwischen

Name Mann, Geburtsdatum
– im Folgenden Vater genannt –

und

Name Frau, Geburtsdatum
– im Folgenden Mutter genannt –

Präambel

Die Parteien halten ausdrücklich fest, dass die Unterschrift unter diesen Vertrag die Voraussetzung dafür bildet, dass sich die Mutter dazu bereit erklärt, den gemeinsamen Kinderwunsch der Parteien zu erfüllen. Die Mutter sieht sich angesichts der gesellschaftlichen Realität in Deutschland im Jahr 2015 dazu gezwungen, sich vom Vater die Übernahme derselben Pflichten schriftlich zusichern zu lassen, die die Gesellschaft von einer Mutter automatisch erwartet. Die Formulierung »das Kind« steht auch für die Pluralform, sollte das Paar mehrere Kinder bekommen.

Die durch das Kind entstehende Arbeit wird zu gleichen Teilen zwischen Vater und Mutter aufgeteilt. Dazu zählen alle Tätigkeiten im Zusammenhang mit der Versorgung und Behütung des Kindes: Einkaufen, Putzen, körperliche Versorgung des Kindes, nächtliche Bereitschaft und Ansprechbarkeit für das Kind, 24h-Versorgung im Krankheitsfall, Fahr- und Bringdienste, Schularbeitenbetreuung etc.

Die Parteien vereinbaren ausdrücklich, dass die Parteien die hier akzeptierte Arbeit nur nach einem gemeinsamen Beschluss auf Dritte übertragen können. Hierzu zählt bezahlte Betreuung ebenso wie familiäre Betreuung. Eine Weitergabe des Kindes zur Betreuung an Familienmitglieder oder Freunde während der eingeteilten Schichten ist nur im eigenen Krankheitsfall mit ärztlichem Attest zulässig.

Für den Fall, dass die Parteien ihre Lebensgemeinschaft aufkündigen und sich trennen, verpflichtet sich der Vater bindend, die Hauptbetreuung des Kindes/der Kinder zu übernehmen. Das Sorgerecht wird geteilt. Die Mutter steht selbstverständlich für Ferienzeiten und jedes zweite Wochenende zur liebevollen Betreuung zur Verfügung. Der Vater verpflichtet sich ausdrücklich, die von ihm vertraglich zugesicherte Kinderbetreuung nicht bzw. nur im eigenen Krankheitsfall unter Vorlage eines ärztlichen Attests auf Dritte zu übertragen wie zum Beispiel neue Partnerin, Oma etc.

Datum, Unterschriften

Der Mann meiner Bekannten unterschrieb nicht, obwohl er ihr vorher zwei Jahre in den Ohren lag, wie unbedingt er sich ein Kind wünschte und dass er sich ein Leben ohne Kind nicht vorstellen könnte. Das mochte wohl sein, aber er meinte damit etwas anderes. Was er sich nicht vorstellen konnte, war ein Leben ohne Kind, das von seiner Frau hauptamtlich betreut wird.

Kluge Frauen schließen bei einer Scheidungsrate von bis zu 50 Prozent Eheverträge ab. Kluge Mütter, die nicht ausschließlich Mutter sein wollen, bestehen darüber hinaus auf einem fairen Kinderbetreuungsvertrag mit ihrem Partner, denn sie wissen, dass sie das hohe Risiko eingehen, eines Tages mit dem Kind oder den Kindern allein dazustehen. Und dann darf die Mutterschaft kein Versuch gewesen, sondern muss einem unbedingten eigenen Wunsch entsprungen sein, um das Leben, das einer Frau dann in der Regel bevorsteht, ohne Frust zu bewältigen. Damit sie ihre Mutterschaft eben nicht bereut. Denn das liegt nicht an den Frauen. Sondern an den Umständen, in die sie durch die anderen Umstände gezwungen werden.

Nachspiel: Kinderkrankheiten

Ich rechne damit, dass mir jetzt von manchen Müttern und Vätern die Masern an den Hals gewünscht werden. Wie war das mit den Hausmitteln? Wadenwickel? Oder kriege ich jetzt keine Tipps mehr?

Liebe Leute! Ich möchte mit diesem Buch nicht bewerten, was besser oder schlechter ist, wer etwas besser oder schlechter macht. Es ist ein sehr persönliches Buch, in dem ich meine Geschichte erzählt habe. Und ich wünsche mir, dass noch viel mehr Frauen über ihre Erfahrungen mit der bereuten Mutterschaft sprechen, damit wir nicht mutterseelenallein sind.

Danke, dass Sie es gewagt haben, dieses Buch zu lesen. Wenn Sie wollen, verleihe ich Ihnen hiermit den Rabenmutterorden in Gold.

Zum Weiterlesen

Ariès, Philippe: *Geschichte der Kindheit.* München 1992

Badinter, Elisabeth: *Die Mutterliebe – Geschichte eines Gefühls vom 17. Jahrhundert bis heute.* München 1991

Beck-Gernsheim, Elisabeth: *Mutterwerden: Der Sprung in ein anderes Leben.* Frankfurt am Main 1993

Chamberlain, Sigrid: *Adolf Hitler, die deutsche Mutter und ihr erstes Kind.* Gießen 1998

Garsoffky, Susanne; Sembach Britta: *Die Alles ist möglich-Lüge – Wieso Familie und Beruf nicht zu vereinbaren sind.* München 2014

Mundlos, Christine: *Mütterterror.* Marburg 2012

Schmelcher, Antja: *Feindbild Mutterglück – Warum Muttersein und Emanzipation kein Widerspruch ist.* Zürich 2014

Seul, Shirley: *Goodbye Baby – Glücklich ohne Kinder.* München 2003

Seul, Shirley: Das Leben ist keine To-do-Liste – endlich Zeit, für das, was wirklich wichtig ist: mit der To-be-Liste. München 2015

Vinken, Barbara: *Die deutsche Mutter – Der lange Schatten eines Mythos.* München 2001

Anmerkungen

1 http://www.sozialhilfe24.de/hartz-4-alg-2/frauen-alleinerziehende-kinder.html (letzter Aufruf: 06.11.2015)

2 www.faz.net/aktuell/beruf-chance/recht-und-gehalt/kind-und-karriere-maenner-arbeiten-laenger-wenn-sie-kinder-haben-13589304.html (letzter Aufruf: 06.11.2015)

3 www.zeit.de/wissen/gesundheit/2014-11/maenner-schwangerschaft-couvade-syndrom (letzter Aufruf: 06.11.2015)

4 https://www.destatis.de/DE/Publikationen/Thematisch/Bevoelkerung/Bevoelkerungsbewegung/BroschuereGeburtenDeutschland0120007079004.pdf?__blob=publicationFile, S. 10 (letzter Aufruf: 06.11.2015)

5 http://www.zeit.de/2013/02/Frauenquote-Muetter quote-Foerderung (letzter Aufruf: 06.11.2015)

6 http://www.zeit.de/2014/23/zweimonatsvaeter-elternzeit (letzter Aufruf: 06.11.2015)

7 http://www.vaeter-zeit.de/vaeter-elternzeit/immer-mehr-papas-nehmen-eine-kinderauszeit.php (letzter Aufruf: 06.11.2015)

8 http://www.zeit.de/2014/23/zweimonatsvaeter-elternzeit (letzter Aufruf: 06.11.2015)

9 http://m.welt.de/icon/article144989931/Deutschlands-Haltung-zu-Kindern-ist-katastrophal.

html?wtrid=socialmedia.socialflow....socialflow_facebook (letzter Aufruf: 06.11.2015)

10 http://faktor-a.arbeitsagentur.de/themen/chancengleichheit/chancengleichheit-reportage/ (letzter Aufruf: 06.11.2015)

11 Zum Weiterlesen: www.deutschlandfunk.de/kita-paradies-schweden.795.de.html?dram:article_id=255739 (letzter Aufruf: 06.11.2015)

12 www.ambafrance-de.org/Schulanfang-2014-Frankreich-fuhrt (letzter Aufruf: 06.11.2015)

13 www.connexion-emploi.com/de/a/je-mehr-eine-frau-in-frankreich-karriere-macht-desto-mehr-kinder-bekommt-sie (letzter Aufruf: 06.11.2015)

14 http://www.arte.tv/de/familie-was-macht-frankreich-anders-als-deutschland/7302588,CmC=7303534.html (letzter Aufruf: 06.11.2015)

15 www.kas.de/wf/doc/kas_4766-544-1-30.pdf, S. 15 (letzter Aufruf: 06.11.2015)

16 http://www.faz.net/aktuell/wirtschaft/managerinnen-barometer-frauenanteil-in-dax-vorstaenden-gesunken-12752783.html (letzter Aufruf: 06.11.2015)

17 http://www.muettergenesungswerk.de/Desktop Default.aspx?content=article&ID=1082&mid=1841 (letzter Aufruf: 06.11.2015)

18 http://www.iges.com/kunden/gesundheit/forschungs ergebnisse/2014/familienpolitik-ii/index_ger.html (letzter Aufruf: 06.11.2015)

19 http://www.spiegel.de/politik/deutschland/statistisches-bundesamt-immer-mehr-frauen-bleiben-kinderlos-a-932324.html (letzter Aufruf: 06.11.2015)

[20] https://www.destatis.de/DE/Publikationen/Thematisch/Bevoelkerung/HaushalteMikrozensus/Geburtentrends5122203129004.pdf?__blob=publicationFile, S. 34

[21] http://www.bosch-stiftung.de/content/language1/downloads/BuG_Familie_Studie_Kinderwunsch.pdf, S. 6 (letzter Aufruf: 06.11.2015)

[22] www.bmfsfj.de/RedaktionBMFSFJ/Broschuerenstelle/Pdf-Anlagen/PRM-24184-Gesamtbericht-Familie-im-Spieg,property=pdf.pdf, S. 130–133 (letzter Aufruf: 06.11.2015)

[23] http://www.zeitschrift-fuer-familienforschung.de/pdf/2002-2-rohmann.pdf, S. 1 (letzter Aufruf: 06.11.2015)

[24] www.focus.de/wissen/mensch/geschichte/tid-21578/zum-weltfrauentag-meilensteine-der-frauenemanzipation-in-deutschland-die-erste-frau-die-ohne-erlaubnis-ihres-ehemannes-arbeiten-darf_aid_605621.html (letzter Aufruf: 06.11.2015)

[25] http://doku.iab.de/kurzber/2015/kb0415.pdf, S. 6 (letzter Aufruf: 06.11.2015)

[26] http://aktuelle-sozialpolitik.blogspot.de/2014/12/22-kinderarmut.html (letzter Aufruf: 06.11.2015)

[27] www.beruf-und-familie.de/index.php?c=37&cms_det=1278 (letzter Aufruf: 06.11.2015)

[28] www.iges.com/kunden/gesundheit/forschungsergebnisse/2014/familienpolitik-ii/index_ger.html (letzter Aufruf: 06.11.2015)

[29] www.demogr.mpg.de/de/news_presse/pressemitteilungen_1916/elternschaft_langzeitinvestition_ins_glueck_1863.htm (letzter Aufruf: 06.11.2015)

[30] http://www.academia.edu/9820246/Regretting_Motherhood_A_Sociopolitical_Analysis (letzter Aufruf: 06.11.2015)

[31] www.sueddeutsche.de/leben/regretting-motherhood-wir-brauchen-muetter-die-ihre-grenzen-kennen-1.2439821 (letzter Aufruf: 06.11.2015)